古着をもう一度、お気に入りに

裂織りでつくるバッグ

松永治子・松永希和子

Saki-ori Bag

Contents

布の柄を活かす　*4*

　北欧のインテリアファブリックをよこ糸にした手提げ　…　*4* ページ（作り方 *51* ページ）
　古い帯地をよこ糸に使い、ショルダーバッグに　…　*5*（*55*）
　絣のきもの地を両端に見せてポーチを　…　*6*（*49*）
　くっきりした銘仙柄を生かした、布幅のバッグ　…　*7*（*56*）

柄を作る　*8*

　たて糸を数本飛ばして織る「浮き織り」で柄を出したバッグ　…　*8*（*58*）
　「浮き織り」で柄を出したバッグ　…　*8*（*60*）
　よこ糸の通し方で変化をつける「くずし織り」で　…　*9*（*62*）
　機にたて糸をかけたところに型染めで柄つけ　…　*10*（*53*）
　2種の裂き糸で段に織ってきんちゃくを　…　*12*（*64*）
　糸と裂き糸の配分で、平織りに変化をつけて　…　*13*（*65*）
　よこ糸の質感がゆらぎを見せる、大人のバッグ　…　*14*（*66*）
　ニットの裂き糸で出した浮き織りの柄。四角い布の両端を結ぶだけ　…　*15*（*68*）

裂き糸の素材感を楽しむ　*16*

　カラーシーチング2色で細編みバッグ　…　*16*（*70*）
　シーチングをかっちり織って大型バッグに　…　*17*（*71*）
　カラフルなTシャツ3枚で。胸の柄が模様になって　…　*18*（*72*）
　ジーンズの裂き糸で、骨太なかっちりバッグ　…　*19*（*73*）
　黄ばんだ胴裏を好みに染めてセカンドバッグに　…　*20*（*74*）
　3枚のTシャツで縞模様に織った、男性にも向くバッグ　…　*21*（*76*）

麻の絣きもの地と革で大型バッグ … *22（78）*
きもの地をシンプルに平織りにし、革を合わせて … *23（79）*
きもの地で織った布を持ち手にして … *24（82）*
セーターを棒針編みにしたショルダーバッグ … *24（80）*
麻のエプロンとテーブルクロスで。小さいバッグとショルダーバッグ … *25（83,84）*
胴裏のセカンドバッグと蚊帳を編み込んだトートバッグ … *26（87,88）*
カラフルなプリント地は織っても楽しい … *27（54）*
セーターを編んで。男性にも向く色みのバッグ … *28（91）*
麻きもの地で。男性が持ってもすてきなきんちゃく … *29（92）*
男物大島紬で。ハードな味わいの男性にも向くバッグ … *29（94）*

　　Cover のバッグ　作り方 *50* ページ
　　2 ページのポーチ　作り方 *49* ページ
　　3、45 ページの箱織りのエコバッグ　作り方 *85* ページ

裂織りの糸を作る … *30*

　適した素材 … *30*
　裂き方 … *30*
　必要量の見積り方 … *30*

卓上機織りのプロセス … *32*

箱織りのプロセス … *41*

機上で柄をつける … *46*

こんな素材でこのバッグ … *48*

編み方のポイント … *90*

布の柄を活かす

北欧のインテリアファブリックをよこ糸にした手提げ

作り方 51ページ

古い帯地をよこ糸に使い、ショルダーバッグに

作り方 55ページ

絣のきもの地を両端に見せてポーチを

作り方 49ページ

くっきりした銘仙柄を生かした、布幅のバッグ

作り方 56 ページ

柄を作る

たて糸を数本飛ばして織る
「浮き織り」で柄を出したバッグ
作り方 58ページ

「浮き織り」で柄を出したバッグ
作り方 60ページ

よこ糸の通し方で変化をつける「くずし織り」で

作り方 62ページ

機にたて糸をかけたところに型染めで柄つけ

織物で柄を出す手法は、絣、つづれ織り、ジャガード織りなどありますが、そのどれもが高度な方法で、誰でも簡単にできるものではありません。卓上機で簡単に柄を作ることができないかと考え、この本ではいくつかの方法をご案内しています。これはその1つ、たて糸を機にかけた段階で柄を染めるやり方です。布用の染料で好みの色の柄を染め、織っていきます。ここではとっつきやすいように、100円ショップの爪みがきの形をパターンにした型染めを紹介しましたが、自由に絵を描いてもいい。ご自分だけの楽しいバッグを作ってください。
詳しい説明は *46* ページ

作り方 53ページ

2種の裂き糸で段に織ってきんちゃくを

作り方 *64*ページ

糸と裂き糸の配分で、平織りに変化をつけて

作り方 65 ページ

よこ糸の質感がゆらぎを見せる、大人のバッグ

作り方 66ページ

ニットの裂き糸で出した浮き織りの柄。
四角い布の両端を結ぶだけ

作り方 *68* ページ

裂き糸の素材感を楽しむ

カラーシーチング2色で細編みバッグ

作り方 *70* ページ

シーチングをかっちり織って大型バッグに

作り方 71ページ

カラフルなTシャツ3枚で。　胸の柄が模様になって

作り方 72ページ

ジーンズの裂き糸で、骨太なかっちりバッグ

作り方 73 ページ

黄ばんだ胴裏を好みに染めてセカンドバッグに

作り方 74 ページ

3枚のTシャツで縞模様に織った、男性にも向くバッグ

作り方 *76* ページ

麻の絣きもの地と革で大型バッグ

作り方 78 ページ

きもの地をシンプルに平織りにし、革を合わせて

作り方 79ページ

きもの地で織った布を持ち手にして
作り方 *82* ページ

セーターを棒針編みにした
ショルダーバッグ
作り方 *80* ページ

麻のエプロンとテーブルクロスで。
小さいバッグとショルダーバッグ

作り方 *83, 84* ページ

胴裏のセカンドバッグと蚊帳を編み込んだトートバッグ

作り方 87, 88 ページ

カラフルなプリント地は織っても楽しい

作り方 54ページ

セーターを編んで。男性にも向く色みのバッグ

作り方 91ページ

麻きもの地で。
男性が持ってもすてきなきんちゃく

作り方 *92* ページ

男物大島紬で。
ハードな味わいの男性にも向くバッグ

作り方 *94* ページ

裂織りの糸を作る

適した素材

裂織りは、本来ボロのような布地の最後の利用法の1つです。ですから「ぼろ織り」の呼び名もあるほど。

とはいえ、素材はある程度選んだほうが織りやすく、仕上りもきれいです。着古したフリース地、スーツなどのウール素材で織りたいとの希望もときどき寄せられますが、満足のいく織上りにはなりませんでした。

結局本で使ったのは、古いきもの、Tシャツ、ブラウス、シーツ、フェルト化するセーター(最近は加工技術が進み、なかなかない)、麻のテーブルクロスやエプロンなど。不要な布ではありませんが、シーチングは安価なので、素材としました。

裂き方

布は縦横どちらに切っても大丈夫(仕上がりに若干の差が)ですが、Tシャツやセーターなどのニットは編み目を横切らないよう、縦に切ります。編み目が横に広がると織れないからです。糸の幅1センチのとき、端を1センチほど残して、織り糸が続くように切ります。

必要量見積り方

素材にするものの厚みと裂き糸の幅で大きく違いますが、このTシャツ(一般的な厚みの子供用。サイズ150)の前後身頃、糸幅1センチで、幅18×長さ72センチの布を織ることができました。元の素材の約30%強と見積もるといいでしょう(あくまで目安です)。

裂き糸の作り方

裂き糸と呼びますが、実際に布を裂いて糸にすることはまれで、多くの場合、カットして糸にします。ローラーカッターを使用すると、手早くきれいにカットできます。

極度に劣化したボロ布は裂くこともありますが、その場合は糸端を少し整理します。では、この古いTシャツを使って説明をすすめましょう。

Tシャツは袖や前立て、襟を切り取り、前後身頃を切り離す。長袖なら糸にできるので、それも開いて。スリットはカットしてもいいが、端まで使い切りたいと考え、リッパーでほどいた。

Tシャツの編み目の縦方向を意識しながら、なるべく縦目に沿ってカットする（ここでは1センチ）。布地の場合は布目に沿って。

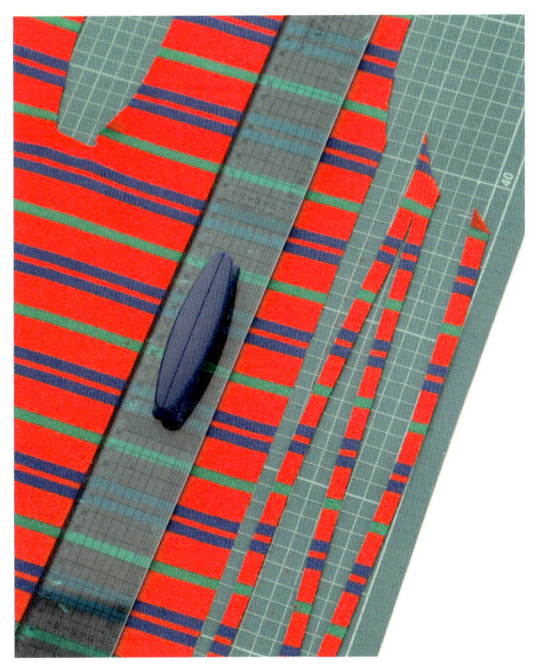

端は1センチ残し、あとで斜めにカットする。糸はなるべく長く続けてカットしたい。

糸の端は写真のように斜めにカット。切り終わったら、ほつれないようにふんわりとおこう。

卓上機織りのプロセス

30ページで作った裂き糸で、卓上機による織りの手順を説明します。

卓上機は、ハンディで使いやすい、クロバーの「咲きおり」を使いました。

なおこの手順は、製品説明書と少し違う部分があります(たて糸のかけ方)。

卓上機織りで用意するもの(織り糸以外)

※cm3=1センチの中に溝が3つある

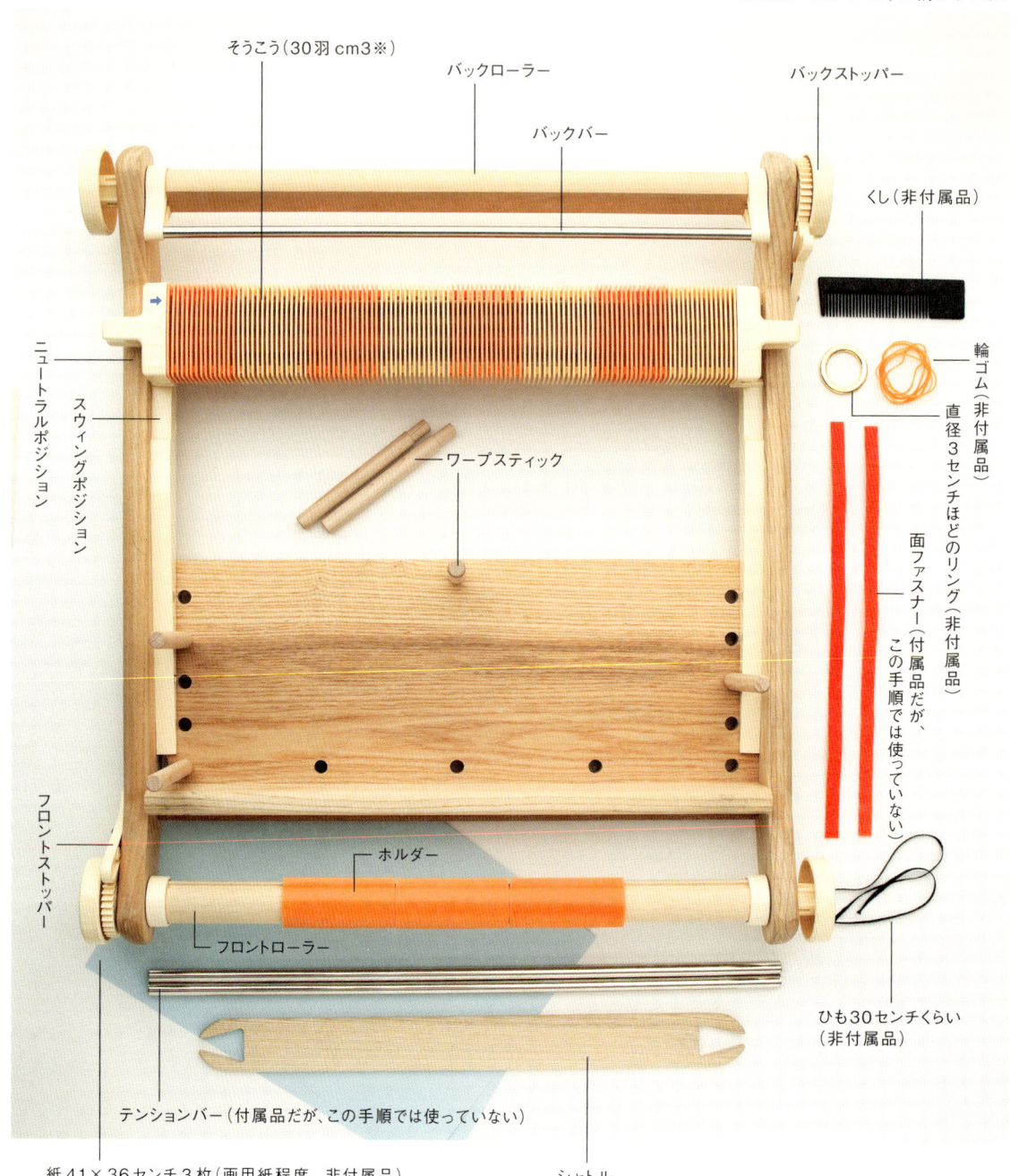

- そうこう(30羽 cm3※)
- バックローラー
- バックバー
- バックストッパー
- くし(非付属品)
- ニュートラルポジション
- スウィングポジション
- ワープスティック
- 輪ゴム(非付属品)
- 直径3センチほどのリング(非付属品)
- 面ファスナー(付属品だが、この手順では使っていない)
- フロントストッパー
- ホルダー
- フロントローラー
- ひも30センチくらい(非付属品)
- テンションバー(付属品だが、この手順では使っていない)
- シャトル
- 紙41×36センチ3枚(画用紙程度。非付属品)

たて糸をかける前の準備

そうこうをニュートラルポジションに置き、ワープスティックを立てる(ワープスティックの本数はたて糸の長さによる。今回は32ページの写真のように4本立てる)。この段階でホルダーははずしておく。
なお、織る幅が狭い(通し幅20センチ。60本)ので、32ページの写真では、ホルダーの数は少なくしている。

※そうこうが動いて糸をかけにくい場合は、付属の面ファスナーで固定する。

1 合細程度の太さのたて糸(ジャパンシープの木綿織り糸18-27)を左手前のワープスティックにかた結びでつける。

2 たて糸を写真のようにワープスティックにかけ、そうこうの溝(羽)を通ってバックバーに上から下にかける。糸の引き加減は、きつくなく、といってゆるくもなく。この機の最大幅より狭い、通し幅20センチで織る予定なので、糸を通す羽の幅も中央に寄せている。

3 そうこうの羽の右隣りの溝に糸を通し、来た道を引き返す。

4 左手前のワープスティックまでもどったところ。

5 バックバーにかけた糸は、1本おきに下からすくう。糸はきつく引き過ぎないよう注意。

6 所定の本数(60本)かけたら糸を切り、スタートのワープスティックにかた結びでとめる。

7 たて糸かけ終わり。写真はわかりやすいよう、最後の糸を上に上げている。

8 左下ワープスティックから5センチぐらいのところにひもをかけ、2回回してしっかり結ぶ。

9 結んだ糸のわを切る。

10 切ったところからリングを通し、上中央のワープスティックにかける。

11　たて糸をそろえて、フロントローラーの下から上に出す。

12　バックバーをバックローラーに押しつけて回転させる。

13　紙（はたくさと呼ぶ）をバックバーとバックローラーの間にはさむ。

14　糸端を引っ張りながら回転させて、紙を巻きつける。

15　2枚目3枚目の紙も続けて巻く。糸端がフロントローラーから10センチほど残るまで巻く。

16 8で結んだ糸をはずす。

17 ホルダーのくし目がついている際に輪ゴムを2本かける(すべり止め)。

18 中央の糸をホルダーくらいの幅にとり、くしで糸をそろえる。(糸をとる順番 中央→左右)

19 フロントストッパーを押さえてホルダーをはめて糸をとめる。

20 すべてのホルダーを同様にしてつける。

21　バックストッパーをゆるめて、フロントローラーを上のほうに半回転させる。バックストッパーをとめてバックローラーを回転させ、糸のたるみを取る。

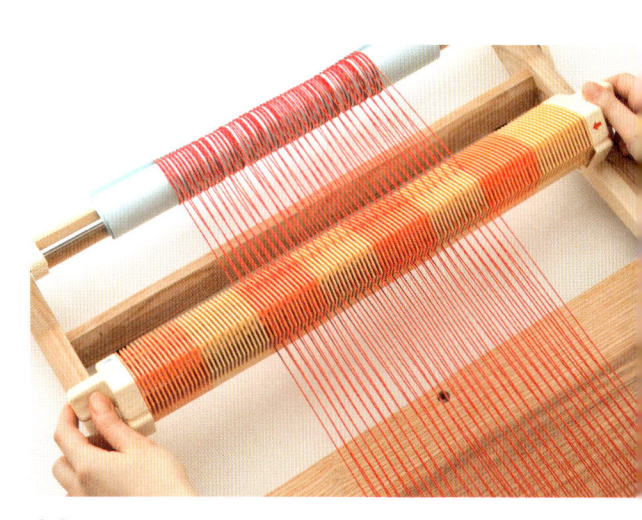

22　そうこうをスウィングポジションにする。

23　たて糸の間隔が一定になるまで別糸で織る。このときの糸はなんでもいいが、ここではたて糸と同じ糸を使っている。

24　よこ糸を渡したら、そうこうを手前に引いてよこ糸を打ち込む。

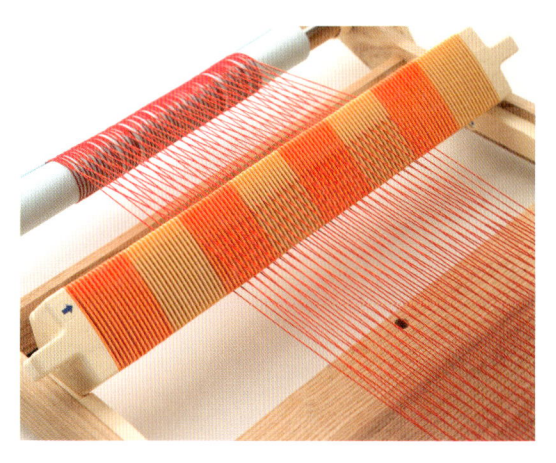

25　そうこうをスウィングポジションにもどして向こう側に倒す。

26　よこ糸を斜めに入れ、そうこうで打ち込む。

27　たて糸の間隔がそろったら、糸を切る。

28　シャトル(杼)に裂き糸を巻く。巻き始めは結び、結び目を押さえるように巻いていく。

29　糸端は常に斜めにカットする。たて糸に通しやすい厚みまで巻く(あまり厚いと通しにくい)。

30　よこ糸をたて糸に通す。よこ糸は常に斜めに渡す。

31　そうこうで打ち込む。

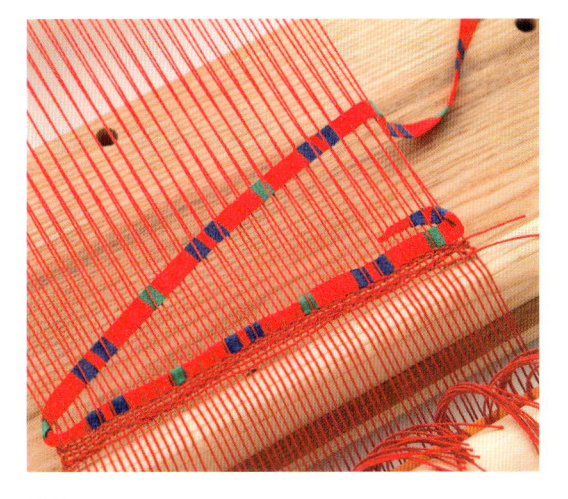

32　織始めの糸端は折り込む。

33　糸を継ぐときは、前の糸と2センチくらい重ねる。

34　織り進んでシャトルを入れにくくなったら、バックローラーをゆるめてフロントローラーを巻く。このときフロントローラーに紙を巻く（始めの一回転だけ）。

35　織り終わったらよこ糸は数センチに整理し、一番端のたて糸にかけ、同じ段に入れて織る。

36　別糸（織始めの糸）で5段くらい織る。

37　たて糸を5センチおきくらいに切り、根元で結ぶ。

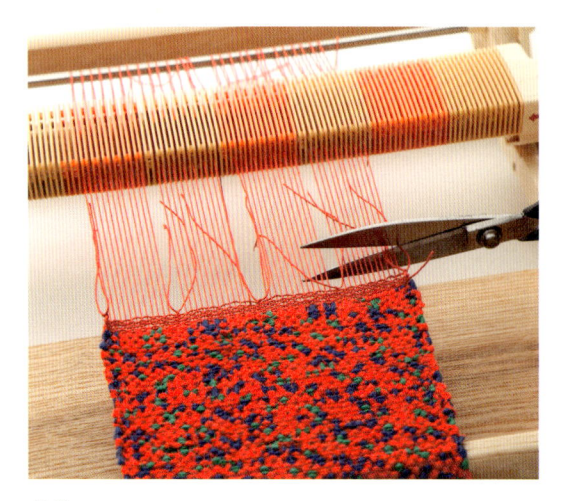

38　たて糸を2センチほどのところで切る。

39　もう一方（下側）のたて糸も同様に結んでから切る。

Tシャツの縞柄が、こんな模様になった。袋に仕立てる前に裏面に接着芯を張って。
やわらかい織上りなので、きんちゃくやポーチなどに向く。

箱織りのプロセス

手近な箱を利用して織る箱織り。機のようにしっかりした織り布はできませんが、手軽で、子どもたちに織りを体験させる場合などにも役立ちます。3ページのエコバッグにした織り布で説明します。菜箸も透明の箱も100円ショップで揃えたものです。用意する箱の大きさですが、1周の合計が、織りたい長さ＋2センチくらい、幅は、かけたい幅の両脇で＋2センチずつあれば大丈夫です。

織る前の準備
カラーシーチングで1センチ幅の裂き糸を作る。木綿糸は20センチ長さに9本切る。2本の菜箸を箱の長辺の側面にセロハンテープでとめる。

箱織りで用意するもの

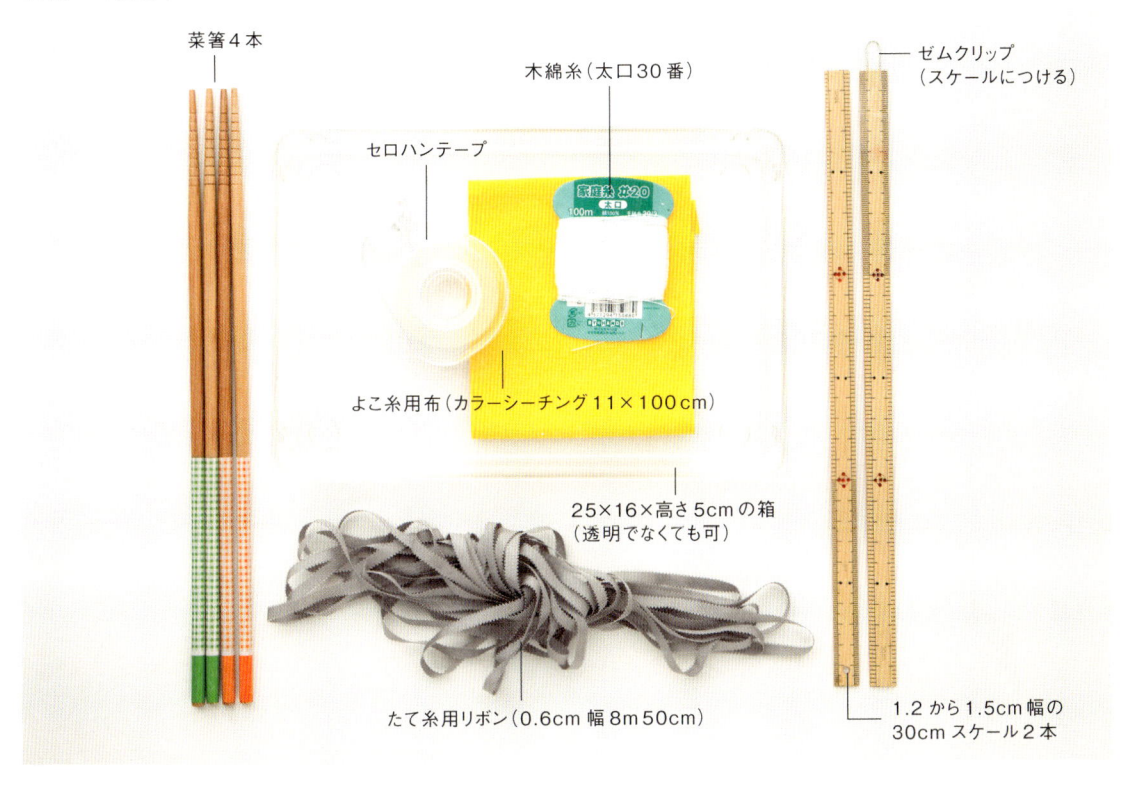

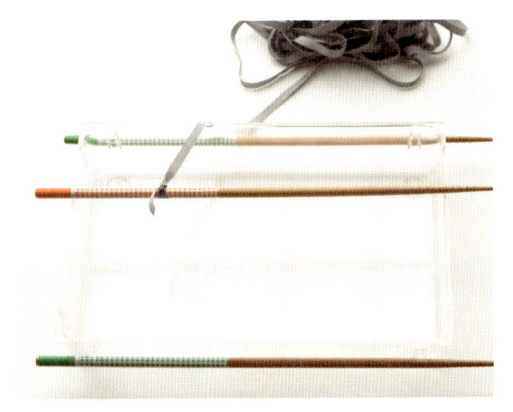

- 菜箸4本
- セロハンテープ
- 木綿糸（太口30番）
- よこ糸用布（カラーシーチング11×100cm）
- 25×16×高さ5cmの箱（透明でなくても可）
- たて糸用リボン（0.6cm幅8m50cm）
- ゼムクリップ（スケールにつける）
- 1.2から1.5cm幅の30cmスケール2本

1 菜箸の1本にたて糸にするリボンの端を結びつけて箱の上にのせる。

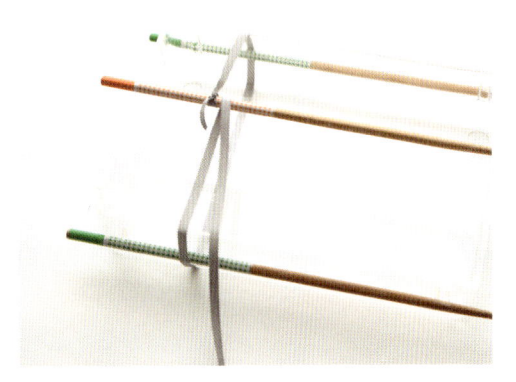

2 たて糸のリボンを箱に写真の方向で回し、スタートの箸に下から上にかけて引き返す。

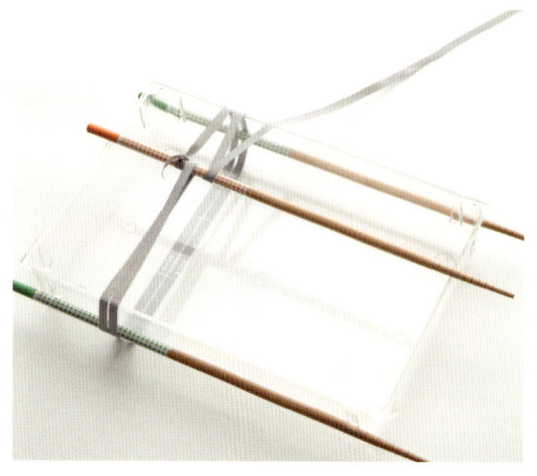

3　引き返した糸も下から上に箸にかける。これを繰り返し、必要な幅(これは13センチ・19巻き)まで巻く。巻く本数は奇数本。

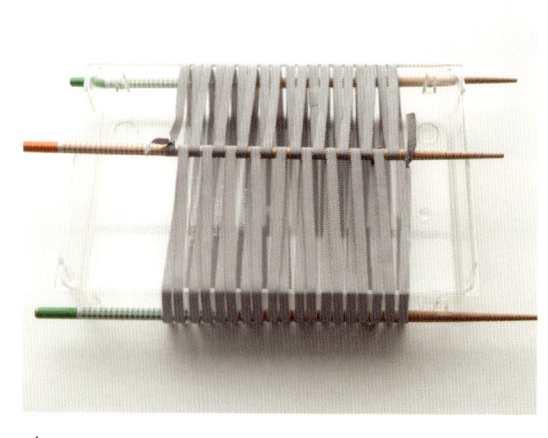

4　巻終りの糸は箸に結んで切る。

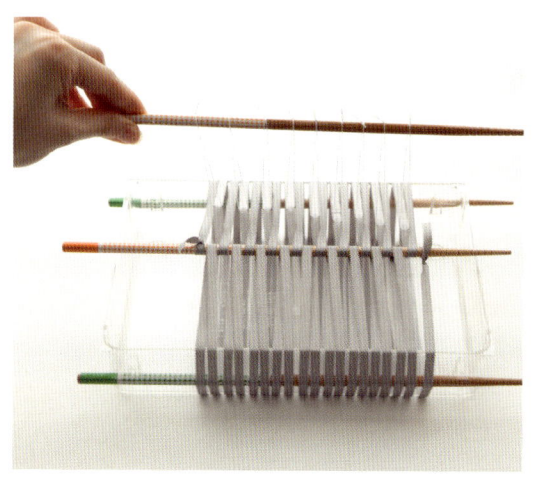

5　下に渡った糸に木綿糸を通し、輪の長さをそろえて箸に結ぶ(2本引き揃えて結ぶ)。

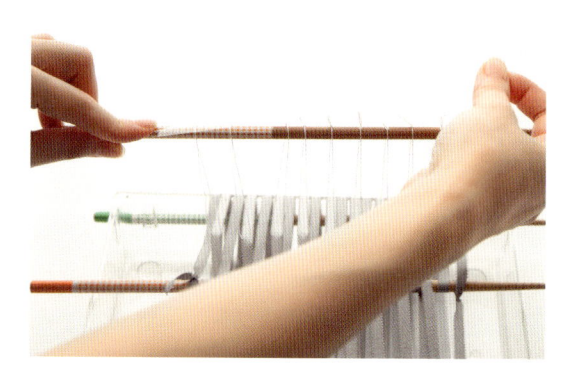

6　糸の結び目を箸の上にし、セロハンテープでとめる。

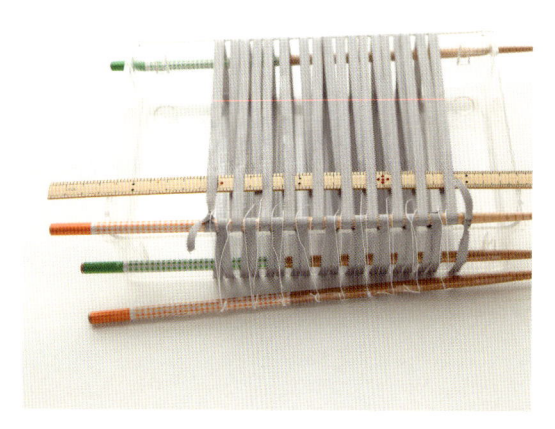

7　6の箸を下ろして、1の箸と同じ隙間にスケールの1本を通す。

8　もう1本のスケールの裏側にゼムクリップを開いてセロハンテープでとめる。

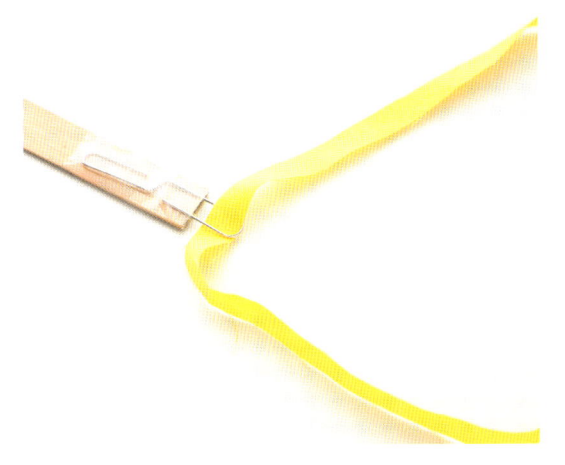

9 　裂き糸をゼムクリップに通す。糸は長いと扱いにくいので、2メートルほどに切る。

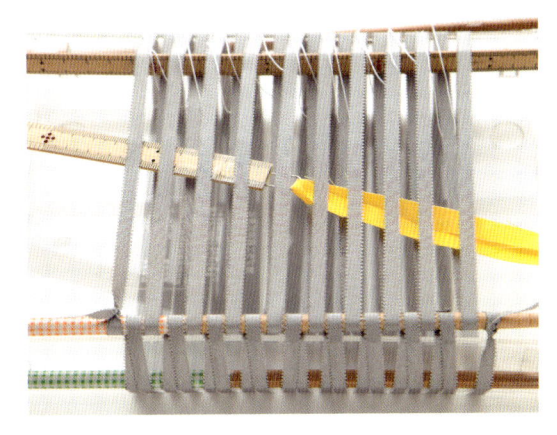

10 　先に通したスケールを立て、できた隙間に9の糸を右から左に通す。糸は斜めに渡す。このとき箱が動くようなら、重しを箱に入れると織りやすい。

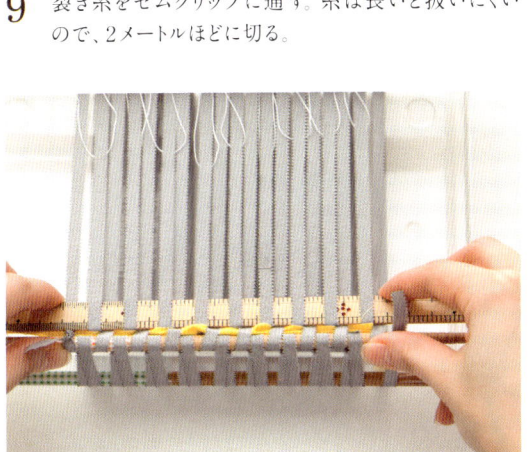

11 　糸をつけた箸を持ち上げてできたすき間に左からスケールを入れ、1段目のよこ糸を打ち込む。

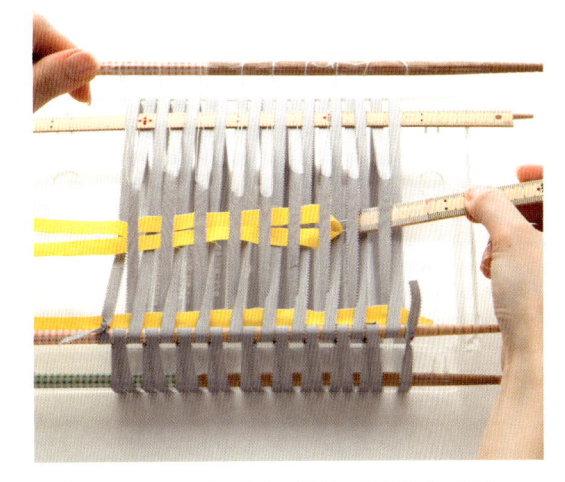

12 　スケールを右に抜き2段目の糸を斜めに渡す。これを繰り返す。

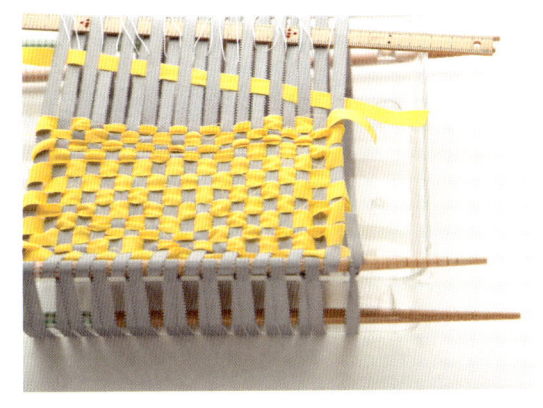

13 　この作品は耳は使わないので、よこ糸の端は少し出しておくのでいい（特にきれいに整える必要はない）。

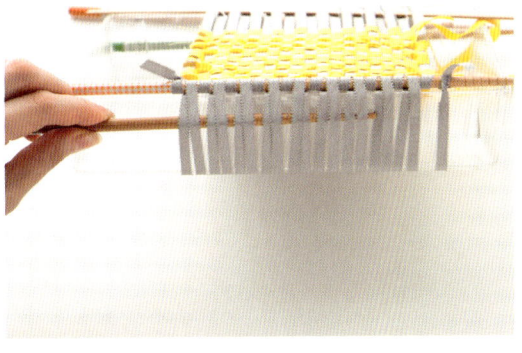

14 　詰まって織りにくくなってきたらたて糸を回転させる。回転しにくいときは、側面の箸をはずすと回転させやすい。

15　織始めの箸を持って回転させる。

16　このあたりまで回転させて続きを織る。さらに回転しにくくなったら、もう片方の箸も取る。

17　予定の長さまで織れたら、織終りにセロハンテープをはる。

18　たて糸をかけた箸を回転させながら抜く。

19　1枚の布になった。裏面に接着芯をはってから裁断し、袋に仕立てる。

箱織りの布で作ったエコバッグ。

機上で柄をつける

織り布に簡単に柄をつけたいなら、機にかけた段階で柄を染めるのも1つの方法です。

織られているので、あとからプリントした柄とは1味も2味も違い、ちょっとおもしろい効果が生まれます。

11ページのバッグの布はそんなふうにして織ったもの。

絵心があれば、お好みのイラストでもどうぞ。大きく文字を書いてもおもしろいですね。

用意するもの

- ベニヤ板（木箱のふた）A3以上
- 絵の具皿
- カッターボード
- 布用染料（セタカラー・不透明）
- 染料用薄め液
- クロバーのスポンジブラシ（またはスポンジ）
- セロハンテープ
- 油性ペン
- カッターナイフ
- 新聞紙
- A3クリアフォルダー

染める前の準備

たて糸を卓上機にかけておく。
クリアフォルダーは1枚の状態に切り離す。

1 クリアフォルダーは好みの柄を油性ペンで描いてカットし、型紙を作る。ここで使ったパターンは100円ショップの爪みがきの形。繰り返して使うので、2柄分のパターンを1枚のクリアフォルダーで作り、染めた柄に合わせながらパターンを重ねるとずれない。

2　ベニヤ板（ダンボール紙でも）に新聞紙を巻き、たて糸の下に入れ、板の下にはたて糸を安定させるために新聞紙を巻いたものを入れる。

3　型紙をたて糸の上に置いて、染料を含ませたスポンジブラシで、ポンポンと軽くたたくようにして染める。

4　1段2柄を染めたら2段目を染める。

5　たて糸を回転させながら必要な段数染める。乾燥したら織り、織り上がったらスチームアイロンをかける。

こんな素材でこのバッグ

裂いた糸を織ると、思いがけない効果が出ることもあります。
その一方で、最初から柄を活かすことを想定して布を選ぶのも楽しい。

*4*ページのバッグは、北欧のシーツで。柄を合わせながら織るのは少し手間がかかりますが、カラフルな色を楽しみながら織ることができました。

*5*ページのバッグは、古い平絹の染帯から。たて糸を元の布幅と同じ幅にかけて、柄があまりずれないように注意して織ります。

*6*ページのポーチの両端は、銘仙の十文字を生かして織ったものです。織ることで、十文字がだいぶ縮小しているのがわかります。

*7*ページのバッグ。帯の柄を生かした5ページのバッグと同様に、たて糸を元の布地の幅と同じにかけて織ったもの。元の布地は銘仙です。

*27*ページ。これは柄を生かしたのではありませんが、カラフルで楽しいプリントは、やはり楽しい織物になりました。元はイケアのシーツです。

*11*ページのバッグは、46ページで説明した、たて糸を機上で染める方法。染めるデザインでいかようにもなり、イメージが無限にふくらみます。

page 2 Tシャツで織るモノトーンのポーチ。

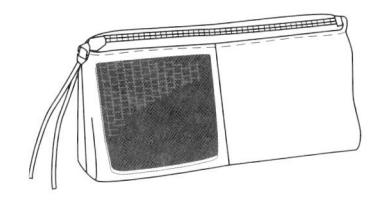

●材料(織り糸以外)
綿ブロード〈裏袋用〉32×36cm
接着芯(クロバー接着芯ソフト)32×36cm
1cm幅の接着テープ適宜
長さ25cmの金属ファスナー1本
ハート形のアクセサリーパーツ〈ファスナー飾り用〉1個
直径1cmの丸カン1個
0.6×40cmの白革ひも
ペンチ

●裂き糸の作り方
端を0.5センチ残して指定の幅に切る(p.31参照)。

●織り方
平織り。裂き糸の白で16cm、黒で16cm織る。

●作り方(p.2、p.6共通)
1 織り布を機からはずし、織始めと織終りに接着テープをはり、ロックミシンをかける。さらに裏面全体に接着芯をはる。
2 ファスナーをつける。
3 脇と底を縫い、まちを縫う。
4 裏袋も表袋と同様に縫い、表袋にまつりつける。
5 丸カンに革ひもを結び、アクセサリーパーツを通し、ファスナー引き手の穴に入れてとめる。

織りデータ

たて糸	ジャパンシープ木綿黒(18-17)50g
よこ糸用布	Tシャツ白、黒 各1枚
裂き幅	0.5cm
おさ通し幅	37cm
整経長	1m
おさ	50羽(cm5)
たて糸の本数	185本
織上りサイズ	32×36cm

p.2、p.6の裁ち方
織り布、裏袋、接着芯 各1枚

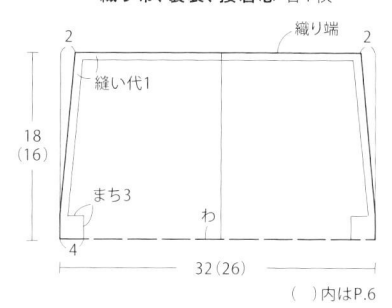

( )内はP.6

布(絵絣の場合)の切り方とシャトルの巻き方

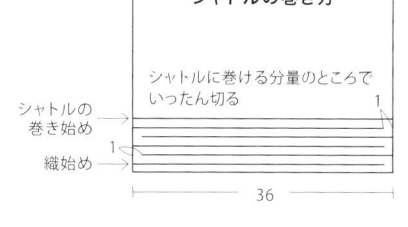

page 6 きものの絣柄を生かした布でポーチを。

●材料(織り糸以外)
綿ブロード〈裏袋用〉32×26cm
接着芯(クロバー接着芯ソフト)32×26cm
1cm幅の接着テープ適宜
長さ20cmのファスナー1本
直径2.5cmの円形のアクセサリーパーツ
　〈ファスナー飾り用〉5枚
ボールチェーン(極細)10cm 1個
とめ金具1個

●織り方
絵絣の平織り。絣きもの地の糸で7cm、紅絹胴裏の糸で12cm織り、次に絣きもの地の糸で7cm織る。

織りデータ

たて糸	ジャパンシープ木綿赤(18-27)30g
よこ糸用布	紅絹胴裏40cm、絣きもの地36cm幅40cm
裂き幅	0.9cm(胴裏)、0.8cm(絣)
おさ通し幅	34cm
整経長	90cm
おさ	50羽(cm5)
たて糸の本数	170本
織上りサイズ	32×26cm

p.6の織り方

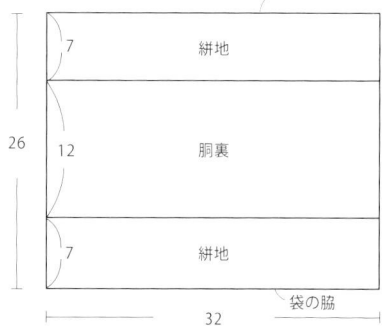

ファスナーつけ

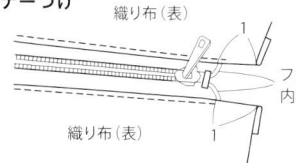

Cover

たて糸に紙糸を使ったしゃきっとバッグ。

●材料（織り糸以外）
綿プリント〈持ち手用〉92×51cm、〈裏袋用〉36×52cm
接着芯（ダンレーヌT121）36×50cm
1cm幅の接着テープ適宜
1.5mm厚の底板9.5×22cm

●織り方
平織り。たて糸のグリーンとトルコブルーを20cmずつかける。

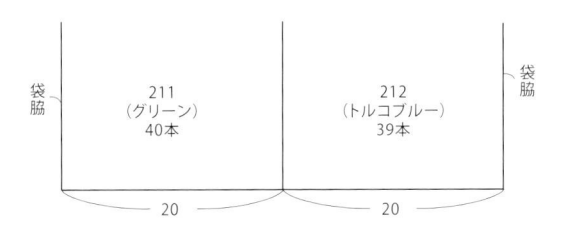

```
袋脇  211          212         袋脇
     (グリーン)    (トルコブルー)
     40本         39本
       20            20
```

●作り方
1 織り布を機からはずし、織始めと織終りに接着テープをはり、ロックミシンをかける。さらに裏面全体に接着芯をはる。
2 織り布の脇を縫い、脇と底中心を合わせてまちを縫う。
3 裏袋は返し口を残して表袋と同様に縫う。
4 持ち手布2枚を中表にし、両脇を縫って表に返し、アイロンで整える。
5 裏袋と表袋の間に持ち手布をはさんで（中心、脇中心をそれぞれ合わせる）縫い、返し口から表に返す。
6 底板を入れて、返し口をとじる。

織りデータ

たて糸	スキークラフトルームフレーク211（グリーン）、212（トルコブルー）各1玉
よこ糸用布	綿ボイル（グリーン）90×100cm
裂き幅	1cm
おさ通し幅	40cm
整経長	1m20cm
おさ	20羽(cm2)
たて糸の本数	79本
織上りサイズ	36×50cm

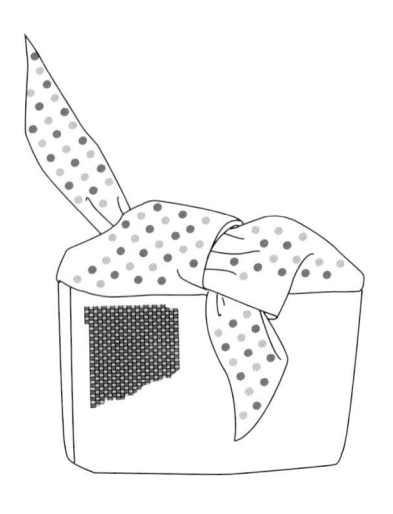

織り布、接着芯 各1枚

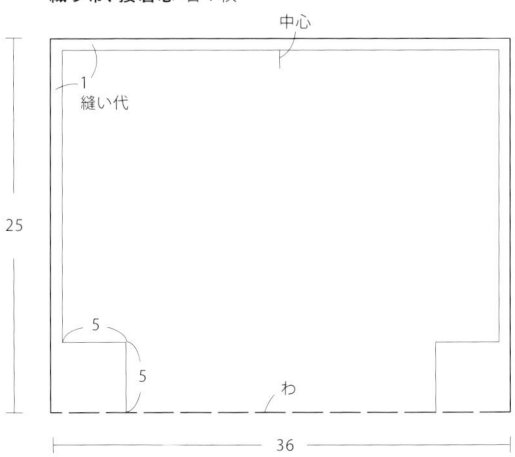

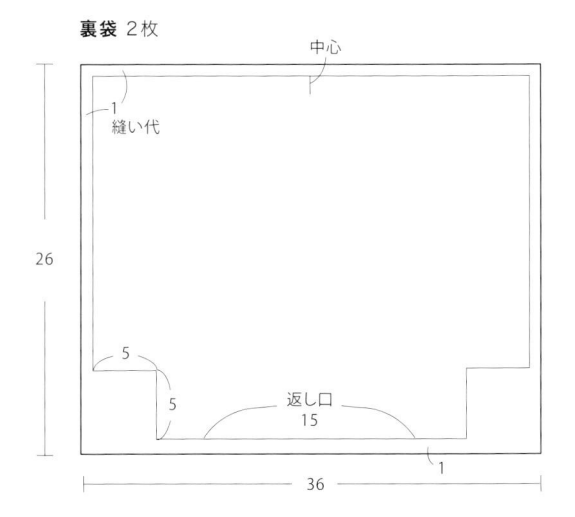

（中心、縫い代1、5、5、わ、36、25）

裏袋 2枚

（中心、縫い代1、5、5、返し口15、1、36、26）

持ち手（水玉柄プリント）4枚

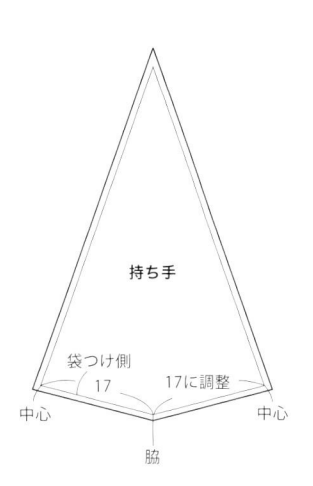

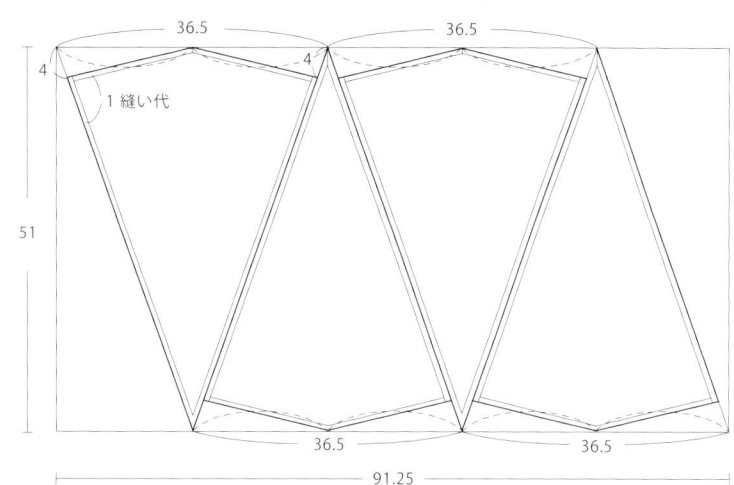

36.5　　　　36.5

4　　1縫い代　　4

51

持ち手

袋つけ側
中心　17　17に調整　中心
脇

36.5　　　　36.5
91.25

page 4　鮮やかな花柄シーツの柄を出して。

●材料（織り糸以外）
よこ糸と同じ花柄シーツ〈裏袋用〉74×42cm
木綿〈ポケット用〉29×28cm
厚手木綿（生成り）〈持ち手用〉22×40cm
接着芯（クロバー接着芯ソフト）74×42cm
1cm幅の接着テープ適宜
直径6mmの両面カシメ並足赤16個
金づち　目打ち　打棒　打台

●糸の切り方
花柄シーツは0.9cm幅、シーチングは1cm幅の布糸にする。
切り方とシャトルの巻き方はp.49参照。

●織り方
絵絣の平織り。花柄の裂き布で42cm織ったら、続けてシーチングの裂き布で42cm織る。

●作り方
1　織り布を機からはずし、丈の中心の両側裏面に接着テープをはり、テープの上からミシンをかけ、ほつれないようにして中心を切る。織始めと織終り、中心の切り端にロックミシンをかける。さらに裏面全体に接着芯をはる。
2　持ち手を2本作り、織り布（表面）の入れ口側に縫い止める。
3　織り布2枚を中表に合わせ、脇と底を縫う。
4　裏布の1枚にポケットをつけ（p.52参照）、2枚を中表に合わせ、返し口を残して脇と底を縫う。
5　織り布と裏袋を中表に合わせ、入れ口をぐるりと縫う。
6　裏袋の返し口から全体を表に返して口をとじ、袋の形を整える。
7　持ち手を出来上りにカシメで止める（p.69参照）。

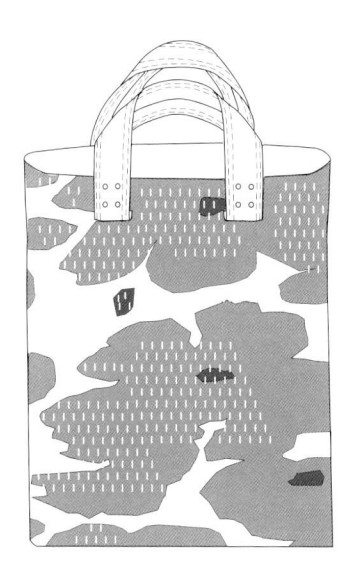

織りデータ

たて糸	ジャパンシープ木綿生成り(18-4)60g
よこ糸用布	花柄シーツ42cm 幅1m50cm、シーチング(白)50cm×1m
裂き幅	花柄は0.9cm、シーチング1cm
おさ通し幅	40cm
整経長	1m50cm
おさ	50羽(cm5)
たて糸の本数	199本
織上りサイズ	37×84cm

※次ページへ続く

織り布、接着芯 各1枚

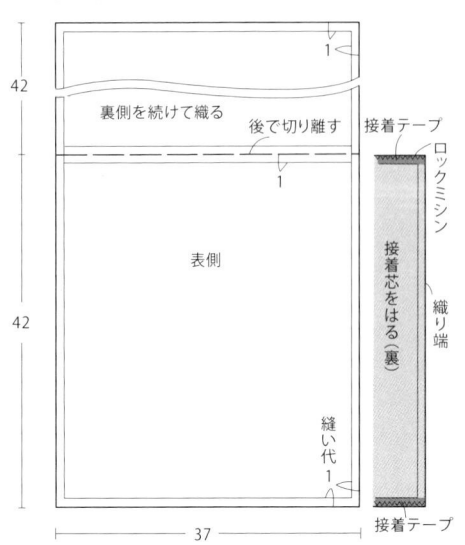

- 42
- 42
- 37
- 1
- 裏側を続けて織る
- 後で切り離す
- 接着テープ
- ロックミシン
- 表側
- 接着芯をはる（裏）
- 織り端
- 縫い代 1
- 接着テープ

持ち手 2本

- 5.5
- 1
- わ
- 40
- ステッチ（赤）
- 0.4
- 0.4
- 4.5
- 裏側（表）

- 1
- 4.5
- 10
- 4.5
- 5
- 8
- 本体（表）
- 持ち手（表）
- ミシン
- 1

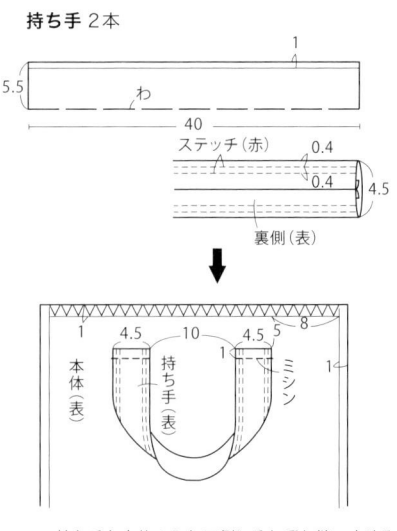

※持ち手を本体の入れ口側にそれぞれ縫い止める
※2枚を中表に合わせて脇と底を縫う

裏袋

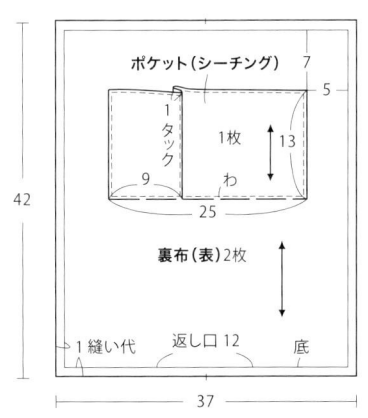

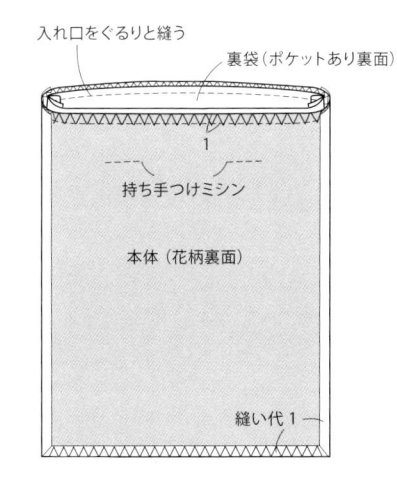

- 42
- 37
- ポケット（シーチング）
- 7
- 5
- 1 タック
- 1枚
- 13
- 9
- わ
- 25
- 裏布（表）2枚
- 1 縫い代
- 返し口 12
- 底

入れ口をぐるりと縫う
裏袋（ポケットあり裏面）
1
持ち手つけミシン
本体（花柄裏面）
縫い代 1

返し口から全体を表に返して、返し口を縫い、裏袋を中に入れ込む

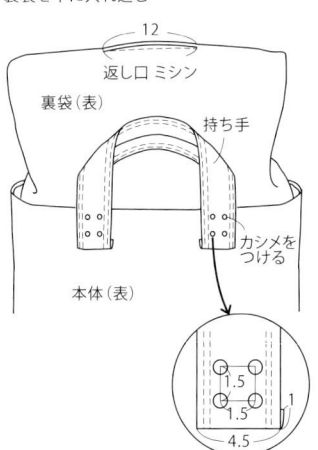

- 12
- 返し口 ミシン
- 裏袋（表）
- 持ち手
- 本体（表）
- カシメをつける
- 1.5
- 1.5
- 1
- 4.5

ポケットの作り方

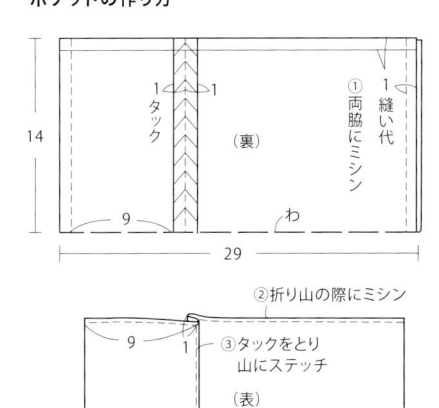

- 14
- 29
- 1
- 1 タック
- （裏）
- 1 縫い代
- ① 両脇にミシン
- 9
- わ

- 9
- 1
- ② 折り山の際にミシン
- ③ タックをとり山にステッチ
- （表）

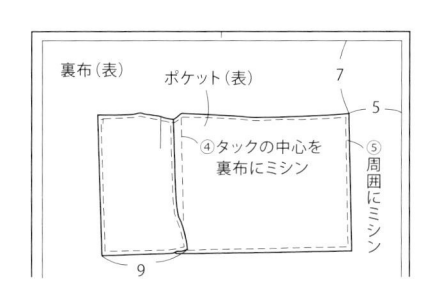

- 裏布（表）
- ポケット（表）
- 7
- 5
- ④ タックの中心を裏布にミシン
- ⑤ 周囲にミシン
- 9

page 11 機の上で染めた、創作柄のバッグ。

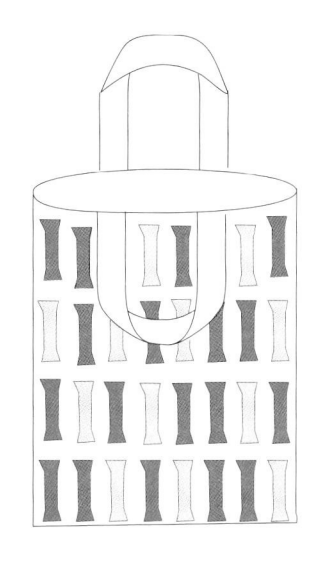

●染色の材料
布用水性顔料系絵の具セタカラー〈不透明〉Pébéo
　ブルー（ORIENTAL BLUE 56）、茶色（CHAMOIS 53）
うすめ液（ライトニング　メディウム）
クロバースポンジブラシ大2本
絵の具皿
型紙用紙（A3 クリアーフォルダー）
板 50×20cm
新聞紙　養生テープ　カッターナイフ　ドライヤー

●染め方
p.10、p.46 参照。

●材料（織り糸以外）
シーチング（生成り）〈裏袋用〉36×84cm
木綿（青）〈ポケット用〉32×28cm
3.5cm幅メッシュテープ（紺）〈持ち手用〉88cm
接着芯（ダンレーヌ T121）72×42cm
1cm幅の接着テープ適宜

●織り方
平織り。

●作り方
1　織り布を機からはずし、丈の中心の両側裏面に接着テープをはり、テープの上からミシンをかけて中心を切る。織始めと織終り、中心の切り端の裏面に接着テープをはり、ロックミシンをかける。さらに裏面全体に接着芯をはる。
2　織り布の入れ口側に持ち手を仮止めし、中表に合せて脇と底を縫う。
3　袋の作り方は p.52を参照。

織りデータ

たて糸	ジャパンシープ絹淡いグレー（23-03）70g
よこ糸用布	胴裏白 4m25cm
裂き幅	0.8cm
おさ通し幅	40cm
整経長	1m40cm
おさ	50羽（cm5）
たて糸の本数	199本
織上りサイズ	36×84cm

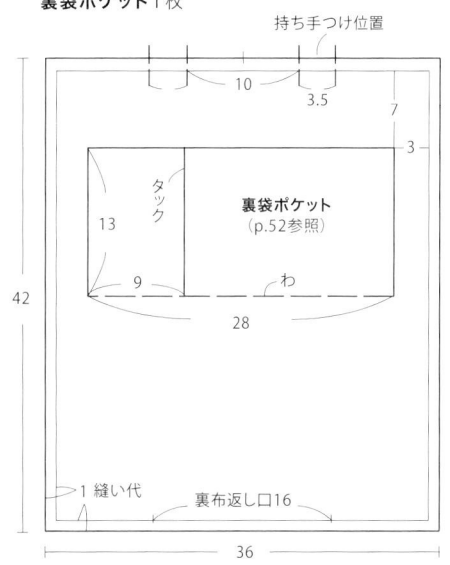

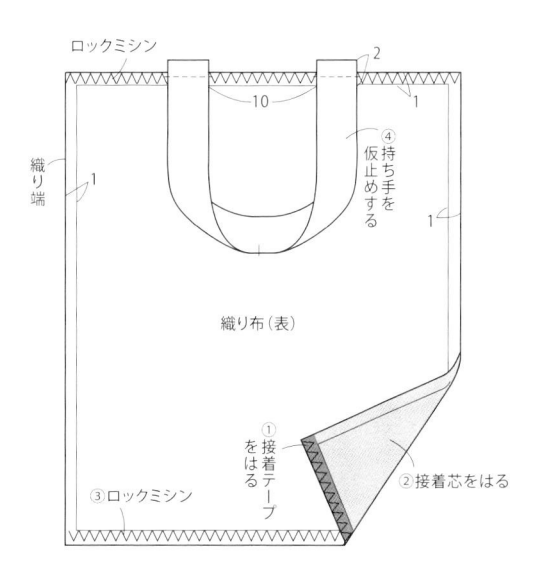

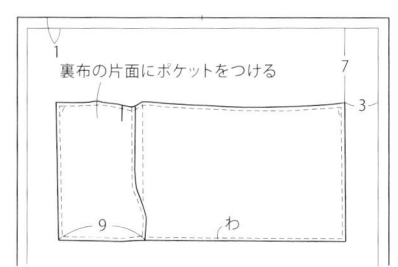

page 27 花柄のふとんカバーを平織りで淡々と織って。

●材料(織り糸以外)
木綿(織布と同じ花柄のふとんカバー)
　〈裏袋用〉74×42cm、〈ポケット用〉29×28cm
厚手木綿(生成り)〈持ち手用〉22×40cm
接着芯(クロバー接着芯ソフト)74×42cm
1cm幅の接着テープ適宜
直径6mmの両面カシメ並足黄色16個
金づち　目打ち　打棒　打台

●織り方
5色のたて糸はランダムにかける。平織り。

●作り方
袋の寸法、作り方はp.52を参照。

織りデータ

たて糸	ジャパンシープ木綿生成り(18-4)、ライムグリーン(18-8)、黄(31-5)、ピンク(18-S)、ターコイズブルー(18-P)各12g
よこ糸用布	花柄掛け布団カバー 64cm×2m
裂き幅	1cm
おさ通し幅	40cm
整経長	1m50cm
おさ	50羽(cm5)
たて糸の本数	199本
織上りサイズ	37×84cm

織り布、接着芯、裏袋ポケット 各1枚、裏袋2枚

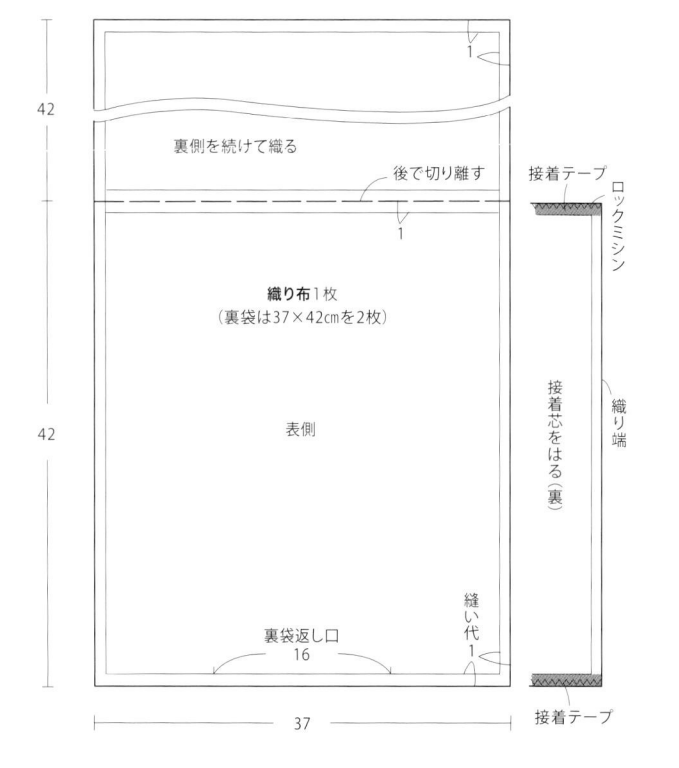

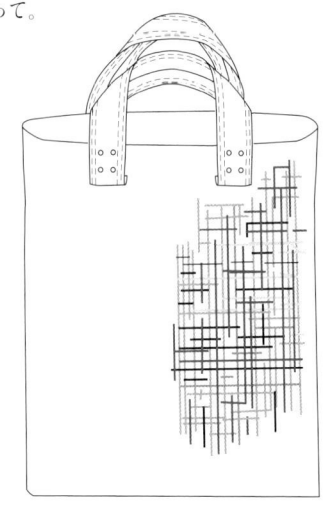

持ち手 2本

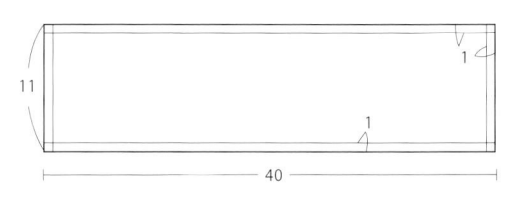

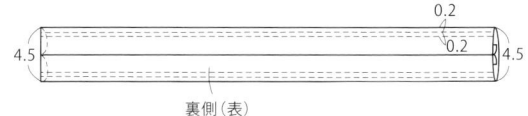

持ち手のつけ方

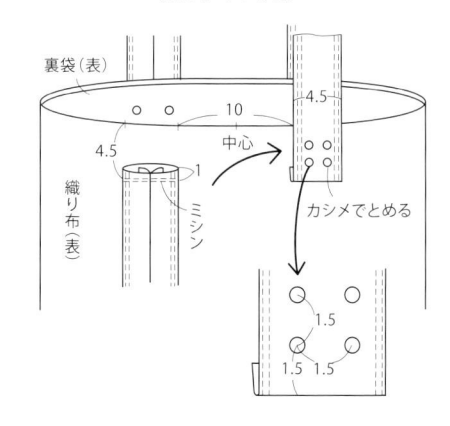

page 5 古い帯は、きれいな柄を大切に残す織物に。

●材料（織り糸以外）
よこ糸にした帯裏〈裏袋用〉32×36cm
接着芯（クロバー接着芯ソフト）32×56cm
1cm幅の接着テープ適宜
バネ口金30cm 1本
1.3cm幅チェーン（いぶし金）〈持ち手用〉70cm
ペンチ

●裂き糸の作り方
絣は0.5cm、無地は0.7cm幅の布糸にする。
よこ糸は両端を5ミリずつ残して切る（p.56参照）。
シャトルの巻き方はp.49参照

●織り方
絵絣の平織り。織始めからよこ糸を入れて帯地の紋様を織る。

●作り方
1 織布を機からはずし、織始めと織終りの裏面に接着テープをはり、ロックミシンをかける。さらに裏面全体に接着芯をはる。
2 織布と裏布を中表に合せて入れ口側を縫い、表に返して縫い代を裏布側に倒し、押えミシンをかける。
3 織布と裏布をそれぞれ中表に合わせ、口金通し口と返し口を残し脇と底を縫う。
4 返し口から全体を表に返し、口をとじ、出来上りに形を整える。
5 バネ口金を通し、チェーンをつける。

織りデータ

たて糸	ジャパンシープ木綿赤(18-27)50g
よこ糸用布	絣の帯36cm幅80cm、赤きもの無地1m
裂き幅	絣0.5cm、無地0.7cm
おさ通し幅	35cm
整経長	1m30cm
おさ	50羽(cm5)
たて糸の本数	176本
織上りサイズ	32×56cm

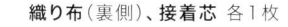

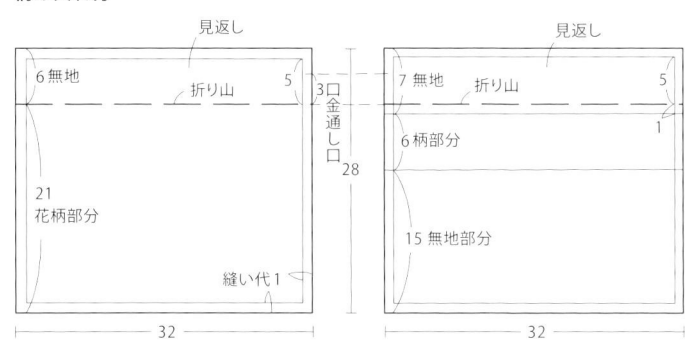

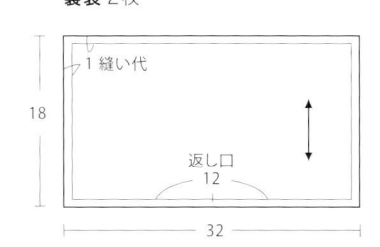

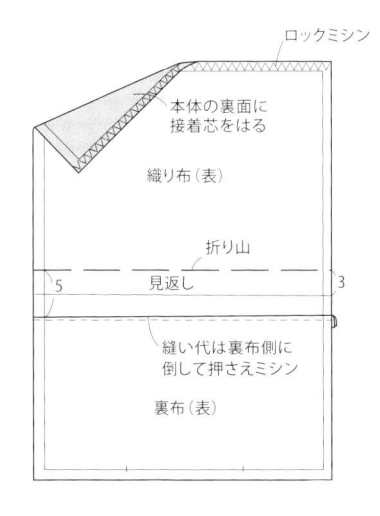

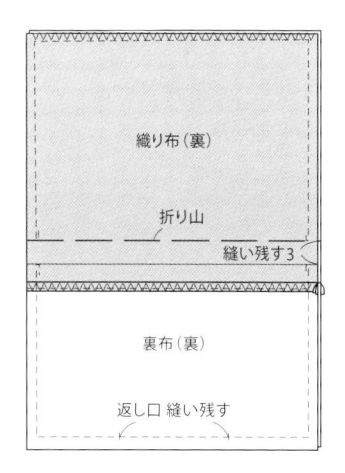

※次ページへ続く

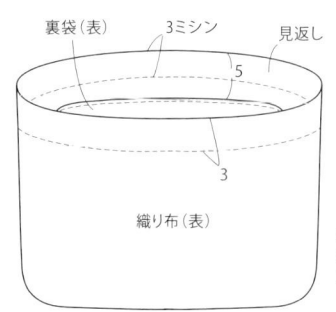

裏袋（表） 3ミシン 見返し
5
3
織り布（表）

裏袋の返し口から全体を表に返し、
返し口をとじ、見返しを折って
ステッチをかける

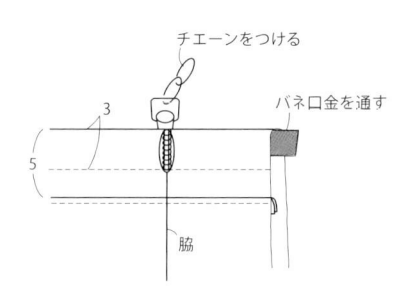

チェーンをつける
バネ口金を通す
3
5
脇

page 7

銘仙の柄をそのままに、
布幅がバッグの幅。

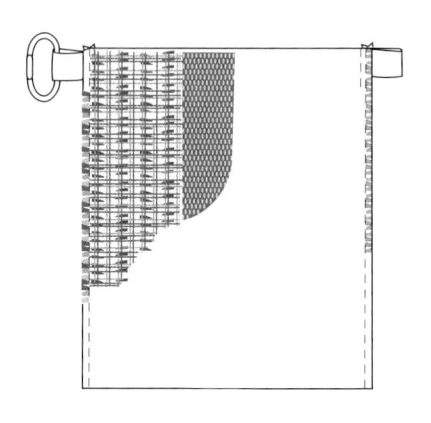

● 材料（織り糸以外）
よこ糸のきもの地〈裏袋用〉36×80cm
接着芯（クロバー接着芯ソフト）36×88cm
1cm幅の接着テープ適宜
木綿（紺）〈金具つけ用〉24×9cm
ドミット芯 24×9cm
カニカン（楕円形・いぶし金）7×3.5cm 1個

● 織り方
絵絣の平織り。

● 作り方
1 織り布を機からはずし、織始めと織終りの裏面に接着テープを
  はり、ロックミシンをかける。さらに裏面全体に接着芯をはる。
2 金具つけ布を2枚作る。
3 織り布と裏袋を中表に合せて入れ口側を縫う。
4 裏袋を中表に合わせて脇を縫い、表に返す。
5 織り布を外表に合わせ、入れ口の両脇に金具つけ布をはさみ、
  脇を縫う。このとき裏袋はよけておく。
6 袋の形を整え、金具つけ布にカニカンを通す。
  使うときは、入れ口を2回巻き、p.7の写真のようにカニカンで
  とめる。

織りデータ

たて糸	ジャパンシープ木綿紺(18-16) 60g
よこ糸用布	銘仙きもの地 3m30cm
裂き幅	0.9cm
おさ通し幅	36cm（きもの幅-1cm）
整経長	1m50cm
おさ	50羽（cm5）
たて糸の本数	180本
織上りサイズ	36×88cm

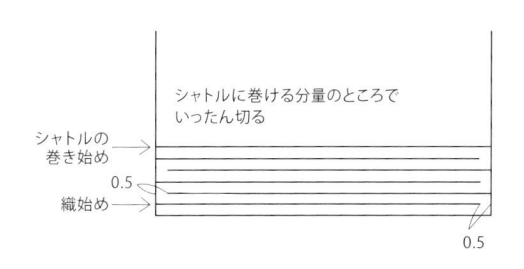

シャトルに巻ける分量のところで
いったん切る
シャトルの巻き始め
0.5
織始め
0.5

織り布、接着芯 各1枚

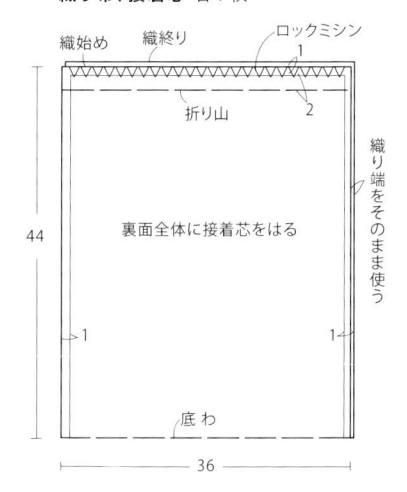

織始め 織終り ロックミシン
1
折り山
2
裏面全体に接着芯をはる
44
1 1
底わ
36
織り端をそのまま使う

裏袋 1枚

1
1 縫い代
40
わ
36

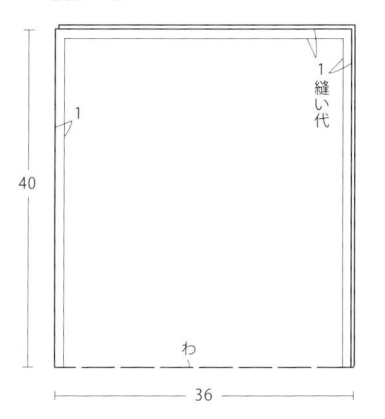

金具つけ布(木綿、ドミット芯) 各2枚

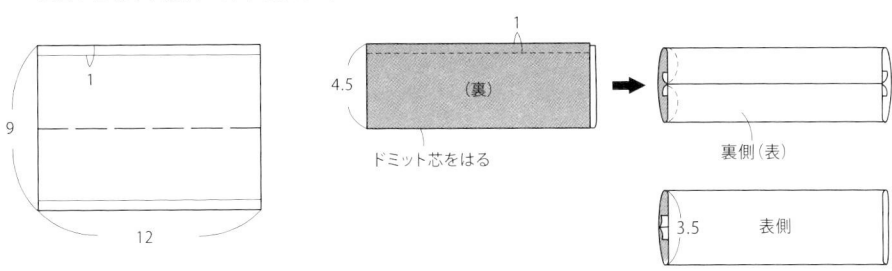

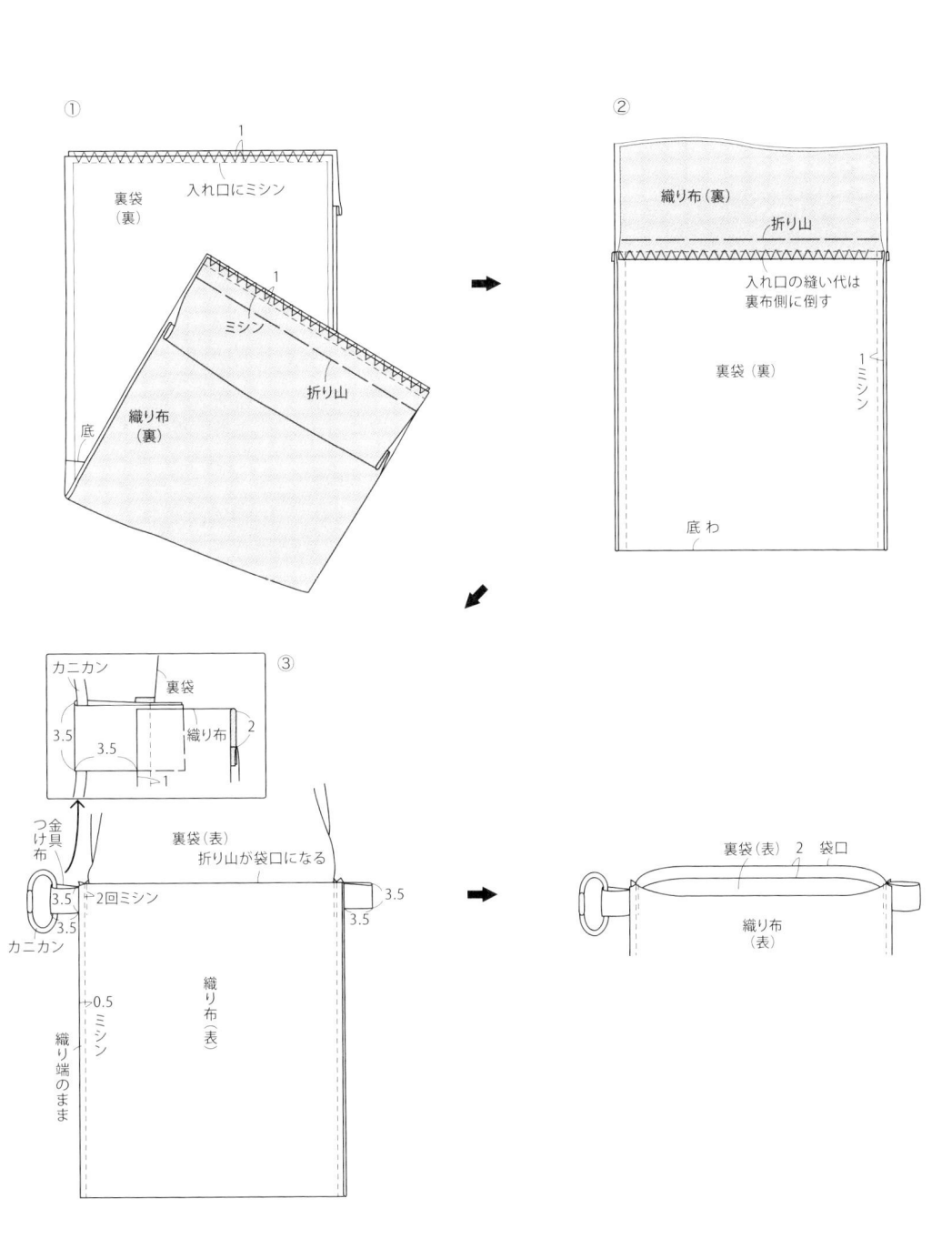

ドミット芯をはる

① 入れ口にミシン
裏袋(裏)
織り布(裏)
ミシン
折り山
底

② 織り布(裏)
折り山
入れ口の縫い代は裏布側に倒す
裏袋(裏)
ミシン
底 わ

③ カニカン
裏袋
織り布
金具つけ布
カニカン
2回ミシン
裏袋(表)
折り山が袋口になる
織り布(表)
織り端のまま
ミシン

裏袋(表) 袋口
織り布(表)

page 8 よこ糸の入れ方で多様な柄が出る浮き織りで。

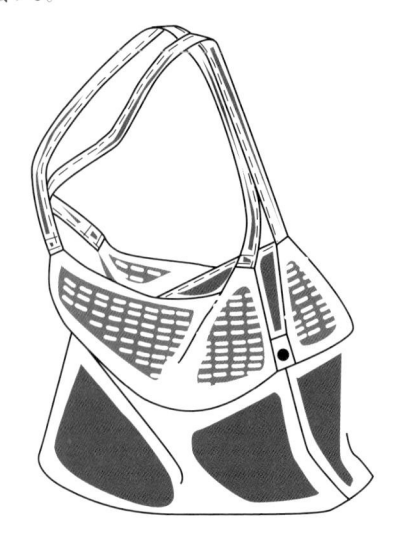

●材料(織り糸以外)
黒ポリエステル〈裏袋用〉37×72cm、〈ポケット用〉32×28cm
接着芯(クロバー接着芯ソフト)〈織り布用〉37×72cm
厚手接着芯〈マグネット補強用〉8×4cm
1cm幅の接着テープ適宜
厚さ1mmの革(黒)〈持ち手用〉10×58cm、〈脇補強用〉4×7cm
2.5cm幅の綾織りテープ 1m16cm
1cm幅の両面テープ 1m16cm
直径1.5cmのマグネット(いぶし金)1組
直径8mm両面カシメ並足黒2個
金づち　目打ち　打棒　打台

●織り方
浮き織り。4段一柄で17cm、無地で38cm、4段一柄で17cmを続けて織る。この作品での浮き織りの中の「浮き糸」は、たて糸を3本ずつ上下にすくう。

●作り方
1 織り布を機からはずし、織始めと織終りの裏面に接着テープをはり、ロックミシンをかける。さらに裏面全体に接着芯をはる。
2 裏布の片側にポケットをつけ、織り布と裏袋を中表に合わせて入れ口を縫い、表に返して裏袋に押えミシンをかける。このとき、両入れ口の中央にマグネットをつけてから補強用の接着芯も一緒にミシン。
3 織り布と裏袋をそれぞれ中表に合わせ、脇と底を縫い、まちを作る(p.61参照)。
4 脇あき部分から全体を表に返し、裏袋を織り布にまつりつける。
5 持ち手の裏面片側に綾織りテープをはり、入れ口の四隅に縫い止め、半分にたたんで縫い合わせる。
6 脇のあき止まりに補強用の革をカシメで止める(p.69参照)。

織りデータ

たて糸	ジャパンシープ木綿黒(18-17)80g
よこ糸用布	ラメ入り羽織地 2m70cm、ハンカチーフ 43cm四方、ジャパンシープ(18-17)たて糸残り
裂き幅	各0.8cm
おさ通し幅	40cm
整経長	1m40cm
おさ	50羽(cm5)
たて糸の本数	199本
織上りサイズ	37×72cm

織り布、裏袋、接着芯、裏袋ポケット 各1枚

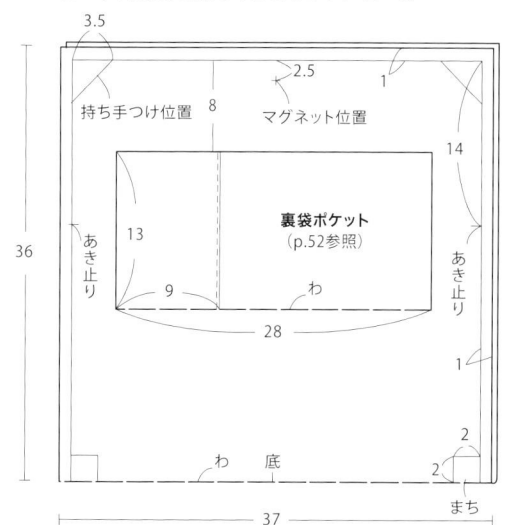

織り図

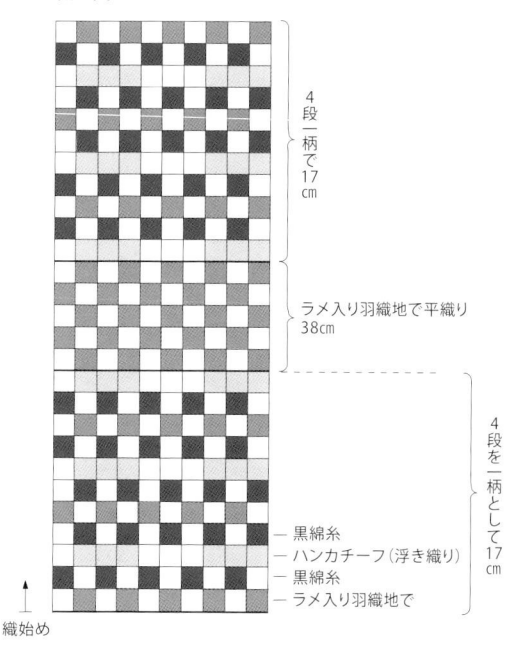

4段一柄で17cm
ラメ入り羽織地で平織り 38cm
4段を一柄として17cm

— 黒綿糸
— ハンカチーフ(浮き織り)
— 黒綿糸
— ラメ入り羽織地で

織始め

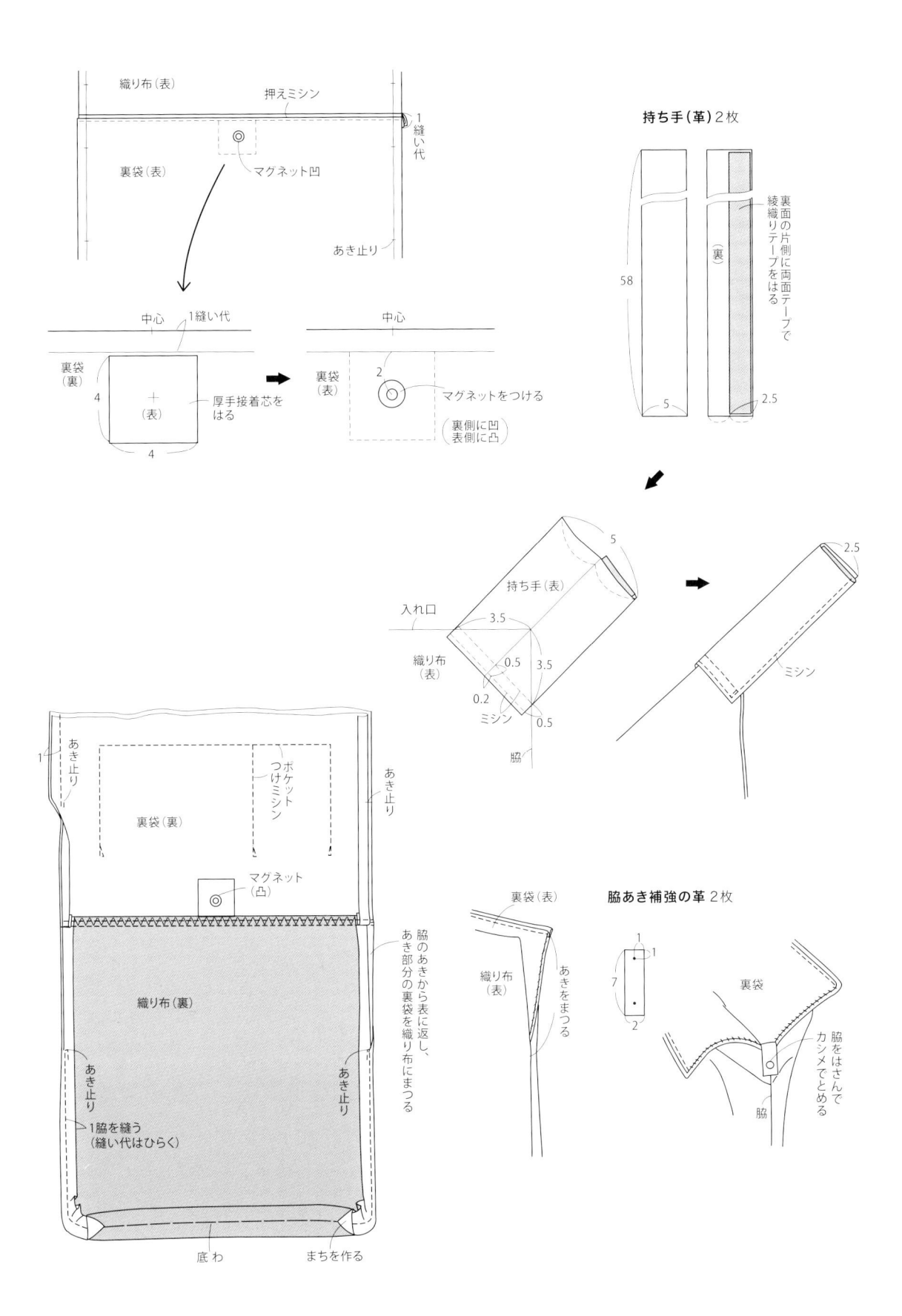

織り布（表）　押えミシン
裏袋（表）　1 縫い代
マグネット凹
あき止り

中心　1 縫い代
裏袋（裏）
4
（表）
4
厚手接着芯をはる

中心
裏袋（表）
2
マグネットをつける
（裏側に凹 表側に凸）

持ち手（革）2枚
58
裏面の片側に両面テープで綾織りテープをはる
（裏）
5　2.5

入れ口
持ち手（表）
5
織り布（表）
3.5
3.5
0.5
0.2
ミシン
0.5
脇

2.5
ミシン

1
あき止り
裏袋（裏）
ポケットつけミシン
あき止り

マグネット（凸）

織り布（裏）

あき止り
あき止り
1 脇を縫う（縫い代はひらく）

脇のあきから表に返し、あき部分の裏袋を織り布にまつる

底わ　まちを作る

裏袋（表）
織り布（表）
あきをまつる

脇あき補強の革 2枚
1　1
7
2

裏袋
脇をはさんでカシメでとめる
脇

page 8 見かけより簡単、浮き織りの別バージョン。

●材料(織り糸以外)
黒ポリエステル〈裏袋用〉38×66cm
濃紺絹紗織きもの地
　〈持ち手つけ用〉9×20cm、〈ポケット用〉32×28cm
接着芯(クロバー接着芯ソフト)38×66cm
1cm幅の接着テープ適宜
木製の持ち手(黒塗り・持ち手つけ幅11cm)1組

●織り方
浮き織り。入れ口の片側からもう片側の入れ口に向って織る。
織り方図のように、織始めは白布糸で平織りを2.5cm織り、続けて3種の糸で5段一柄の紋様を21.5cm織る。(濃紺の糸はたて糸を3本ずつ上下に通す)。次に濃紺布糸で平織りを9cm織る。ここまでが1枚分、もう1枚は濃紺布糸(底になる)から逆に対称に織り上げる。

●作り方
1 織り布を機からはずし、織始めと織終りの裏面に接着テープをはり、ロックミシンをかける。さらに裏面全体に接着芯をはる。
2 持ち手つけ布を4枚作る。
3 持ち手をつけ布に通し、織り布の入れ口に仮止めする。
4 織り布2枚を中表に合わせて脇を縫う。
　脇の縫い目と底中心を合わせてまちを作る。
5 裏袋を作る。
6 織り布と裏袋を中表に合わせて入れ口を縫い、裏袋の返し口から表に返す。返し口を縫いとじたら袋の形を整え、入れ口の裏袋を星止めで押さえる。

織りデータ

たて糸	ジャパンシープ木綿黒(18-17)60g
よこ糸用布	白麻ブラウス、濃紺絹紗織きもの地 2m20cm、ジャパンシープ麻糸(72-32)50g
裂き幅	各0.8cm
おさ通し幅	40cm
整経長	1m40cm
おさ	50羽(cm5)
たて糸の本数	199本
織り上りサイズ	38×66cm

織り布、裏袋、接着芯、裏袋ポケット 各1枚

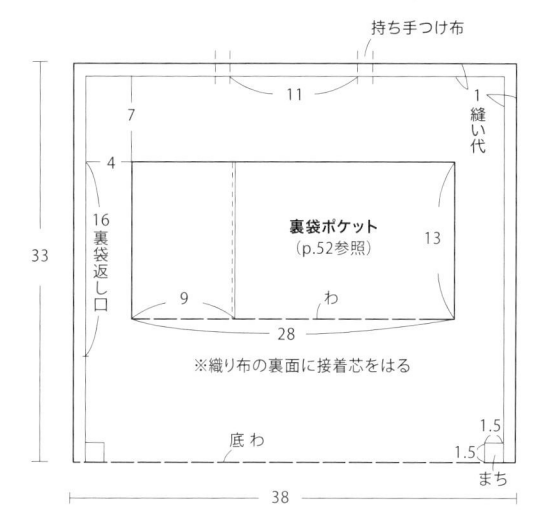

※織り布の裏面に接着芯をはる

織り図

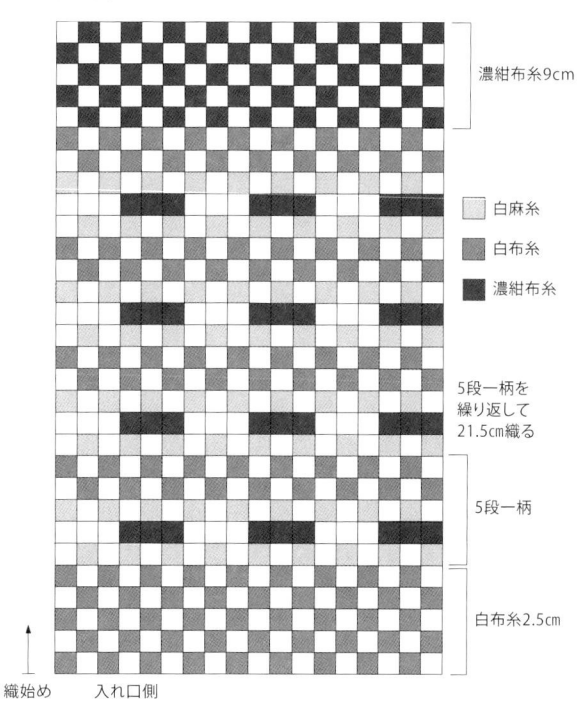

持ち手つけ布（きもの地、接着芯）各4枚

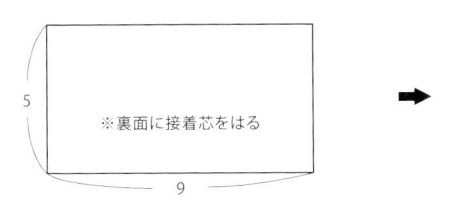

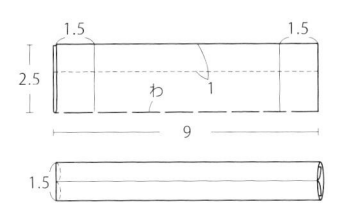

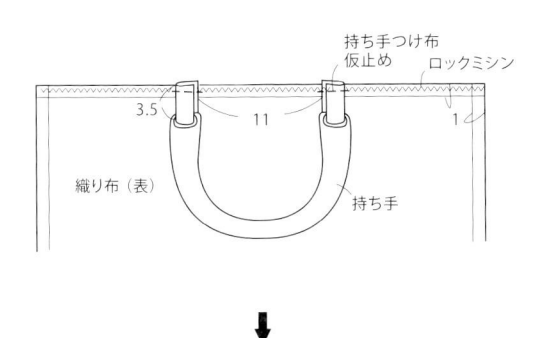

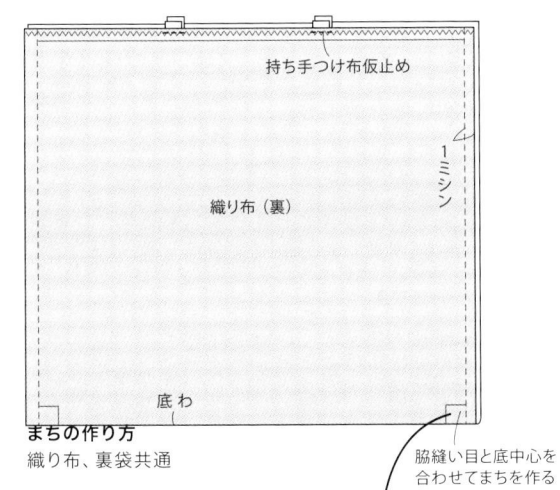

※裏面に接着芯をはる

5 / 9 / 2.5 / わ / 1 / 1.5 / 1.5 / 9 / 1.5

持ち手つけ布仮止め
ロックミシン
3.5 / 11 / 1
織り布（表）
持ち手

裏袋（表）
①ポケットをつける（p.52参照）
タック
返し口
②中表に合わせて脇を縫う
底わ
まち
③まちを作る

持ち手つけ布仮止め
織り布（裏）
1ミシン
底わ

まちの作り方
織り布、裏袋共通

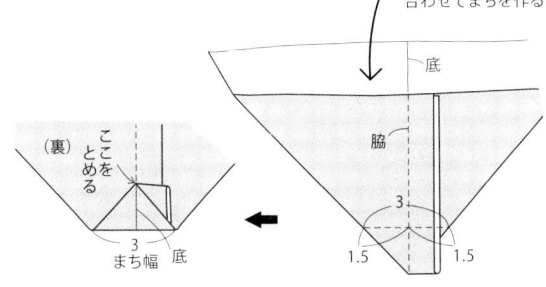

脇縫い目と底中心を合わせてまちを作る

底
脇
3
1.5 / 1.5

（裏）
ここをとめる
3 まち幅
底

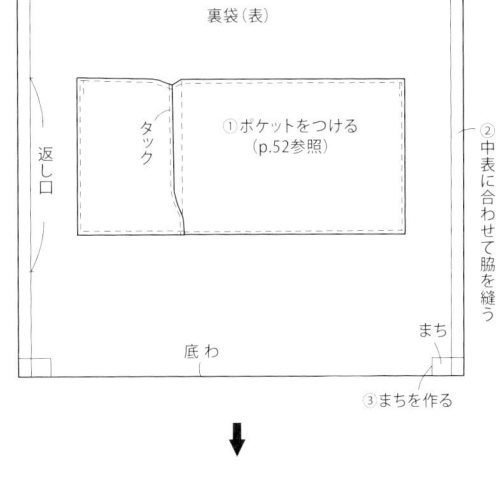

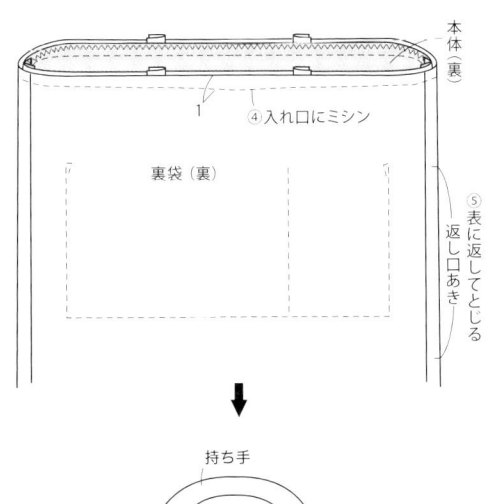

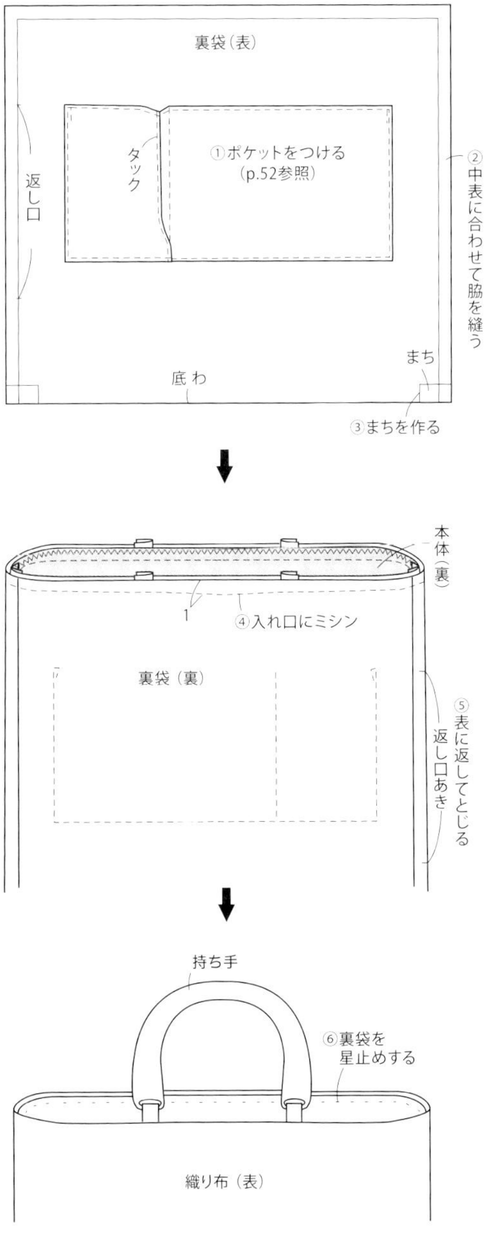

本体（裏）
1
④入れ口にミシン
裏袋（裏）
⑤表に返してとじる
返し口あき

持ち手
⑥裏袋を星止めする
織り布（表）

page 9

織るほどに柄が現れるのが楽しいくずし織りで。

●材料(織り糸以外)
厚手シーチング〈口布用〉68×36cm、
　〈持ち手用〉15×56cm、〈ひも用〉40×12cm
シーチング〈裏布用〉36cm×1m10cm
接着芯(クロバー接着芯ソフト)36cm×1m10cm
1cm幅の両面テープ適宜
直径3mmの丸ひも(ろう引きの木綿生成り)1m60cm
直径1.5cmの革(赤)〈ひも先飾り用〉4枚
革用接着剤

●織り方
くずし織り。2色のたて糸を交互にかけて、かける順番を変え、よこ糸も交互に入れて、入れる順番を変えることで模様にする織り方。

織りデータ

たて糸	ジャパンシープ木綿生成り(18-4)、赤(18-27)各40g
よこ糸用布	胴裏白、赤各3m
裂き幅	1cm
おさ通し幅	40cm
整経長	1m80cm
おさ	50羽(cm5)
たて糸の本数	199本
織上りサイズ	36×110cm

●作り方
1　他の織布と同様に仕上げ、接着芯をはったのち、印つけをして裁断する。切り口はロックミシンでかがる。
2　ひも4本と持ち手1本を作る。
3　織り布の2枚を中表に合わせ、間にひもをはさみ、脇と底を縫う。
4　織り布と裏布を出来上りに合わせ、中心のタックを縫い、たたんでおく。
5　口布を作る。袋と口布表側を中表に合わせ、両脇に持ち手をはさみ、ぐるりと縫う。
6　口布裏側の縫い代をアイロンで出来上りに折り、袋(5の縫い目の際)にまつりつける。
7　ひも通し口にステッチをかけ、丸ひもを左右の口布ひも通し口からそれぞれ通し、ひも先を縫い止め、2枚の革の間にひも先を入れ、接着剤ではり合わせる。

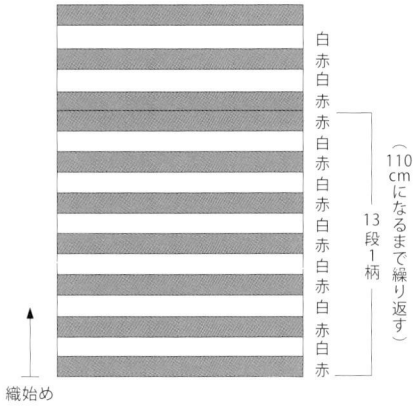

よこ糸の織り方

白赤白赤白赤白赤白赤白赤白赤（13段1柄、110cmになるまで繰り返す）

織始め

たて糸の通し方

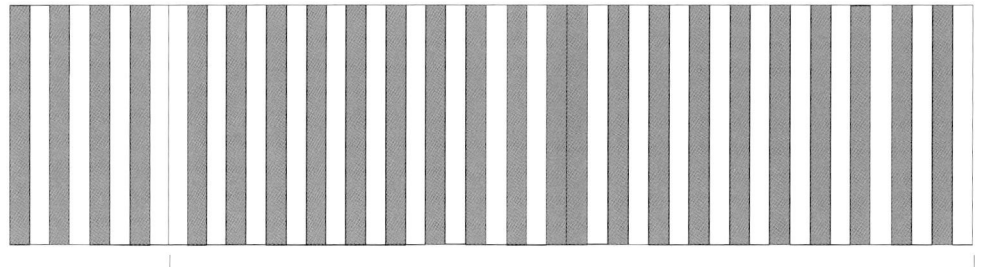

赤白赤白赤白赤白白赤白赤白赤白赤白赤白赤白赤白赤白赤白赤白赤白赤白赤白赤白赤白赤白赤白

40本1柄(5柄繰り返す)

織り布、裏布、接着芯 各2枚

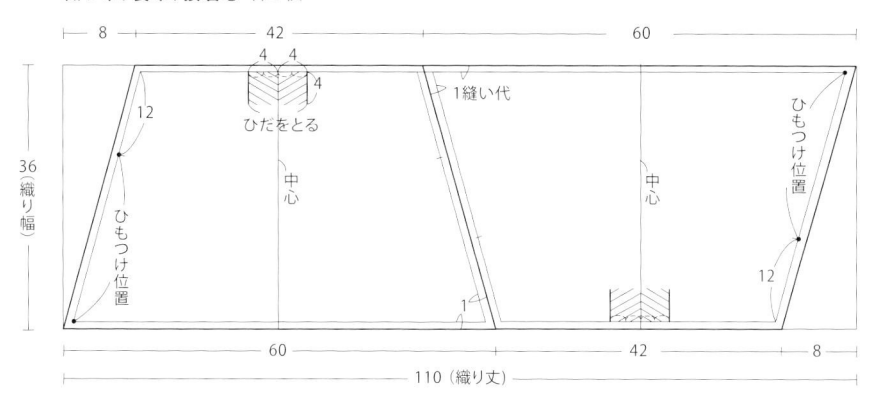

寸法:
- 上辺: 8 / 42 / 60
- 下辺: 60 / 42 / 8
- 全長: 110（織り丈）
- 高さ: 36（織り幅）
- 斜辺部: 12
- ひもつけ位置（両端）
- ひだをとる（4・4）
- 1 縫い代
- 中心

ひも 4本
- 3 × 40
- 0.8 / 0.5 / 0.2
- （裏）（表）

口布 2枚
- 34 × 36
- 18 / 18
- 折り山
- ひも通し口
- 6 / 6

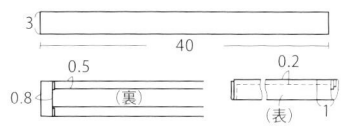

持ち手 1本
- 7.5 × 56 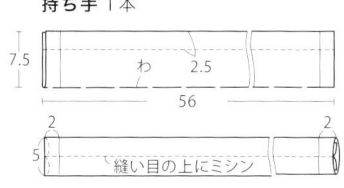
- わ 2.5
- 2 / 5 / 2
- 縫い目の上にミシン

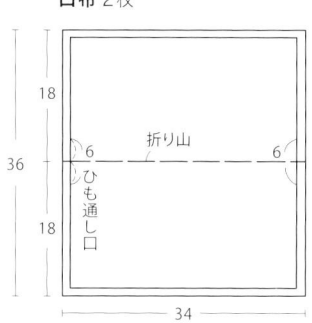

口布を作る
- 口布（裏）
- 2枚を中表に合わせて脇を縫う
- 折り山
- 縫い残す ひも通し口
- 1 / 6 / 32 / 1
- 縫い代はアイロンで開く
- ミシン 3 / 3
- 縫い残す ひも通し口 脇
- （表）

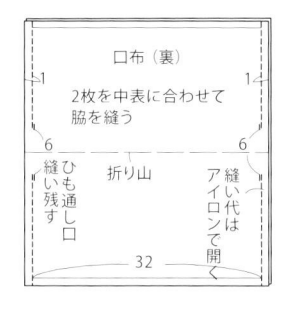

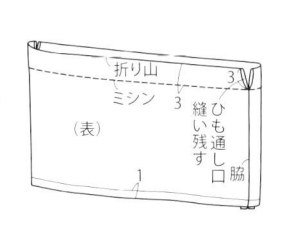

本体をつける
- 脇を縫う
- 織り布（裏）
- ひも / 12 / 4・4
- （表）
- 1 ミシン / ひも

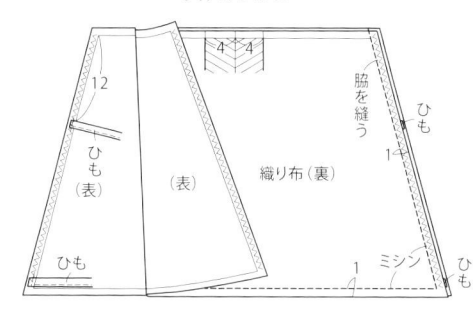

織り布と裏布をでき上りに合わせる
- 裏布（表）
- 4・4 ひだ 中心
- 織り布（表）
- ひも

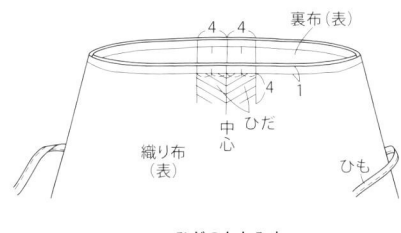

ひだのたたみ方
- 裏布 織り布
- 1 / 2 / 2
- 裏布（裏）
- 4 ミシン 中心
- → 織り布（表）
- 4・4 自然に開く

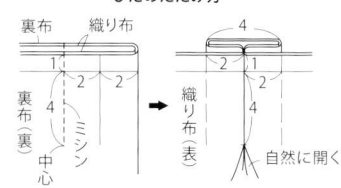

まとめ
- 持ち手
- 裏布 / 口布（裏）/ 織り布
- 表布
- 裏布（表）
- 1ミシン
- 表側（裏）
- 口布裏側（表）
- 持ち手裏側
- 織り布（表）

- 結びひも
- 口布（表）
- 革 ボンドでとめる
- 持ち手
- 織り布（表）
- ひも

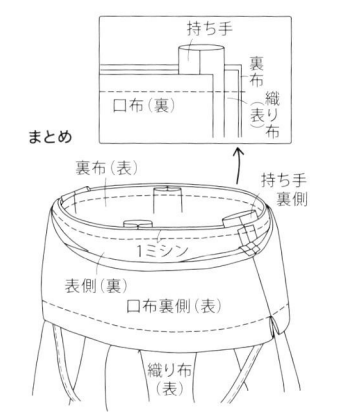

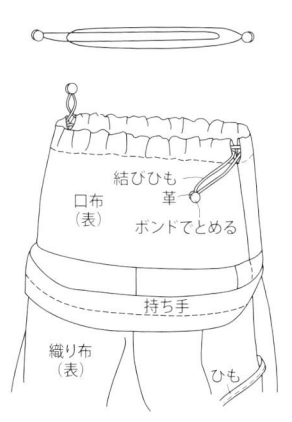

page 12

スカートの裏地と表地を使って縞柄に織った布で。

●材料(織り糸以外)
ハンカチーフ〈裏袋用〉22×48cm
接着芯(クロバー接着芯ソフト)22×48cm
1cm 幅の接着テープ適宜
直径4mm の木綿丸ひも(生成り)1m60cm
革(白)〈ひも先飾り用〉8×3cm
革用接着剤

●織り方
よこ糸は青無地とひょう柄の裂き糸で
織り図通りに平織りで織る。

●作り方
1 織り布は機からはずし、織始めと織終りの裏面に接着テープを
  はり、ロックミシンをかける。さらに裏面全体に接着芯をはる。
2 織り布と裏布を中表に合わせ、ひも通し口から上だけを縫う。
3 織り布と裏布をそれぞれ中表に合わせ、ひも通し口から下の脇
  と底を縫い、まちを作る(p.61参照)。
4 ひも通し口から全体を表に返し、口の縫い代を出来上りに折
  り、ひも通しの上下を縫う。
5 丸ひもを左右のひも通し口からそれぞれ通し、ひも先を重ねて
  縫い止め、接着剤をつけ、その上に切込みを入れた革を巻い
  て房飾りを作る。

織りデータ

たて糸	ジャパンシープ木綿紺(18-16)40g
よこ糸用布	ベンベルグスカート裏地青、黒と白のひょう柄スカート地
裂き幅	1cm
おさ通し幅	25cm
整経長	1m10cm
おさ	50羽(cm5)
たて糸の本数	124本
織上りサイズ	22×48cm

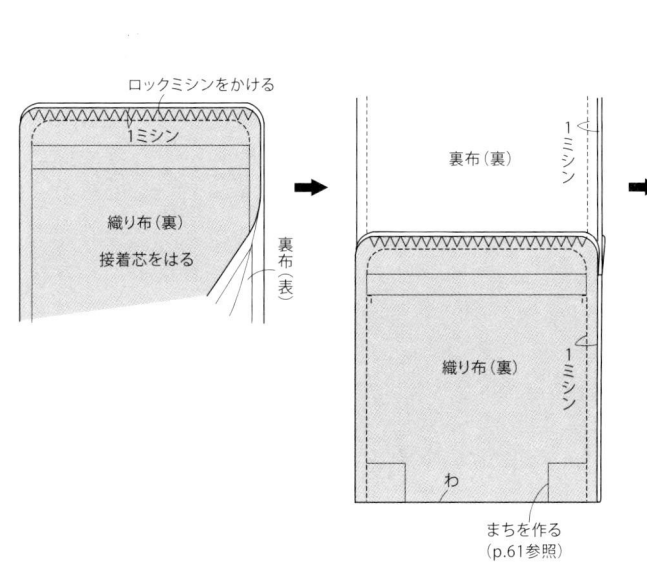

よこ糸の織り方

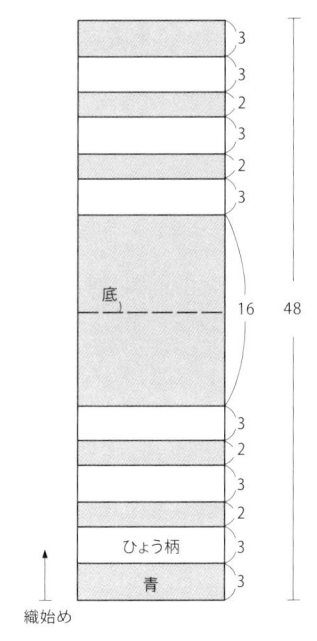

織り布、裏布、接着芯 各1枚

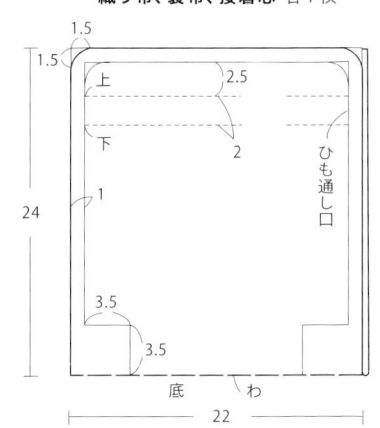

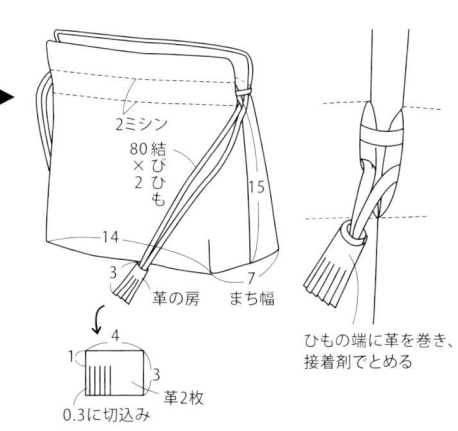

page 13

質感の違いで変化。同系色の裂き糸を集めて横段に。

●材料(織り糸以外)
夏物白地に青のプリントスカート〈裏袋用〉32×74cm
柔らかく薄手の革(ブルーグレー)〈口布用〉32×34cm
接着芯(クロバー接着芯ソフト)32×44cm
1cm幅の接着テープ適宜
1cm幅の革(白)〈ひも用〉1m32cm
薄手の革(白)〈ひも先飾り用〉8×2cm
革用接着剤

●織り方
織り図通りに平織で織る。

●作り方
1 織り布は機からはずし、織始めと織終りの裏面に接着テープをはり、ロックミシンをかける。さらに裏面全体に接着芯をはる。
2 織り布と革を中表に合わせて縫う(表布とする)。
3 表布と裏布を中表に合わせ、ひも通し口から上を縫う。
4 表布と裏布をそれぞれ中表に合わせ、ひも通し口から下を縫う。裏布の返し口は縫い残す。
5 返し口から全体を表に返し、返し口をとじ、ひも通し口の上下を縫う。
6 ひもを2つ折りにして接着剤ではる。
7 ひもを左右のひも通し口からそれぞれ通し、ひも先を重ねて縫い止め、接着剤をつけ、その上に切込みを入れた革を巻いて房飾りを作る(p.64参照)。

織りデータ

たて糸	ジャパンシープ木綿グレー(18-33)50g
よこ糸用布	裾回しブルー60cm、ライトブルー40cm、胴裏白40cm、シルバーラメ(フジックス Sparkle Lame)1玉
裂き幅	各1cm
おさ通し幅	36cm
整経長	1m10cm
おさ	50羽(cm5)
たて糸の本数	180本
織上りサイズ	32×44cm

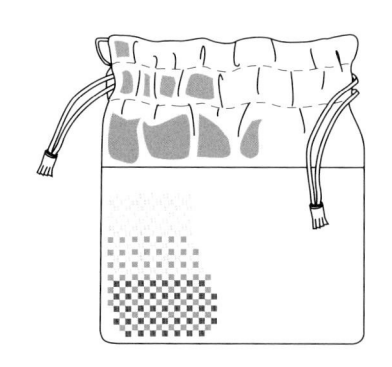

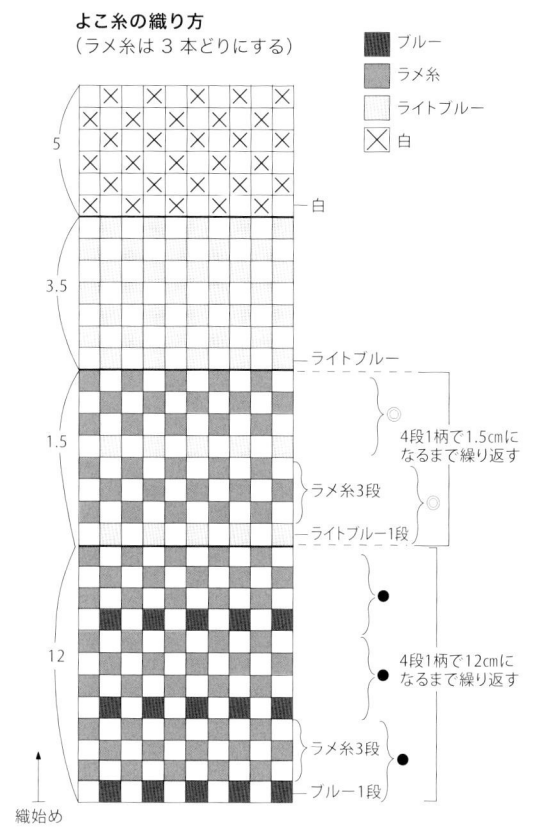

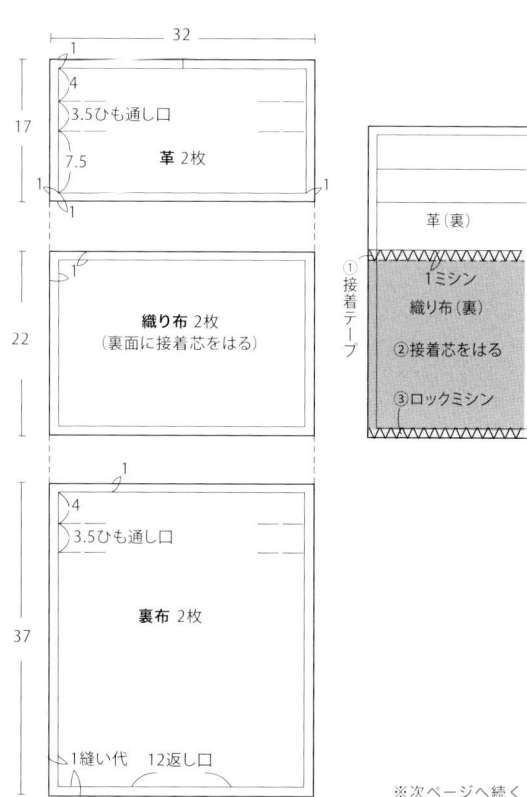

よこ糸の織り方
(ラメ糸は3本どりにする)

■ ブルー
▨ ラメ糸
□ ライトブルー
✕ 白

※次ページへ続く

page 14 裂き糸に、異素材テープもよこ糸にして。

●材料（織り糸以外）

絹（黒）〈裏袋用〉30×76cm
接着芯（ダンレーヌT121）〈織り布用〉30×76cm
1cm幅の接着テープ適宜
5mm幅のエナメルテープ（黒）
　〈結びひもと持ち手つけテープ用〉1m
長さ1.4cmのナスカン2個
直径1cmの丸カン2個
8mm幅のチェーン（銀）〈持ち手用〉1m
ペンチ

織りデータ

たて糸	ジャパンシープ シルクスラブ ライトグレー（23-41）80g
よこ糸用布	シルクブラウス（ひょう柄）、胴裏（白）、ベルベットカットソー（黒）、8mm幅レースブレードの黒 1m50cm、5mm幅エナメルテープの黒と白 各1m50cm、5mm幅スパンコールテープのベージュ 70cm
裂き幅	ブラウスと胴裏各1cm、カットソー0.7cm
おさ通し幅	33cm
整経長	1m20cm
おさ	50羽（cm5）
たて糸の本数	165本
織上りサイズ	30×76cm

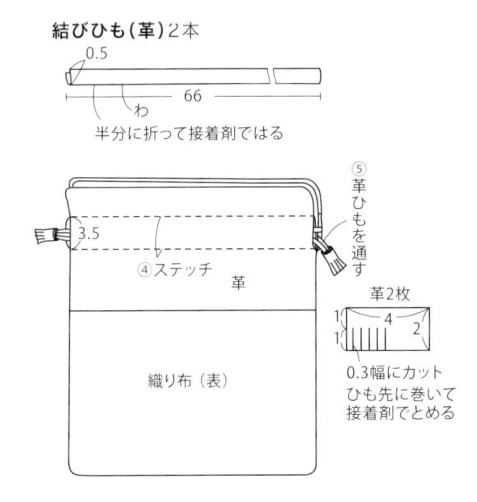

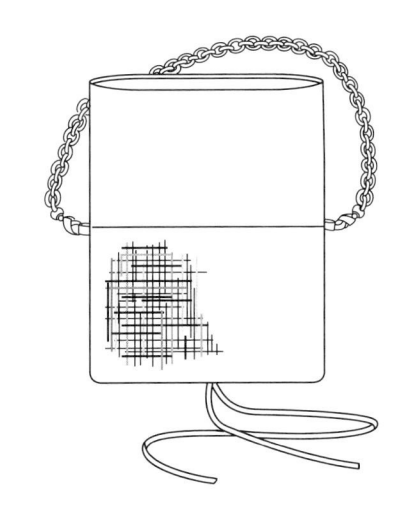

●織り方
織り方図通りに平織で織る。

●作り方
1　織り布を機からはずし、丈の中心の両側裏面に接着テープをはり、テープの上からミシンをかけ、ほつれないようにして中心を切る。織始めと織終り、中心の切り端にロックミシンをかける。さらに裏面全体に接着芯をはる。
2　織り布2枚を中表に合わせ、間に結びひもを底中心に、持ち手つけテープを両端にはさみ、脇と底を縫う。
3　裏布を中表に合わせ、脇と底を返し口を残して縫う。
4　織り布と裏布を中表に合わせて入れ口をぐるりと縫い、返し口から全体を表に返し、返し口をとじ、袋の形を整える。
5　持ち手のチェーンの両端に丸カンをつけ、ナスカンを取りつける。袋の持ち手つけテープにナスカンをとめつける。

よこ糸の織り方図

5cm
6cm

底 切り離す

54cm
シルクブラウス(ひょう柄・ベージュ)

胴裏(白)1段
シルクブラウス(ひょう柄・ベージュ)1段
胴裏(白)1段
シルクブラウス(ひょう柄・ベージュ)1段
胴裏(白)1段
5mm幅エナメルテープ(白)1段
胴裏(白)1.5cm
6cm 5mm幅エナメルテープ(白)1段
胴裏(白)3段
スパンコールテープ(ベージュ)1段
胴裏(白)2段
シルクブラウス(ひょう柄・ベージュ)1段
胴裏(白)1段
ベルベットカットソー(黒)2段
8mm幅レースブレード(黒)1段
シルクブラウス(ひょう柄・ベージュ)1段
5cm 5mm幅エナメルテープ(黒)1段
ベルベットカットソー(黒)2段
5mm幅エナメルテープ(黒)1段
ベルベットカットソー(黒)1段
8mm幅レースブレード(黒)1段
ベルベットカットソー(黒)2cm

↑ 織始め

織り布、裏布、接着芯 各2枚

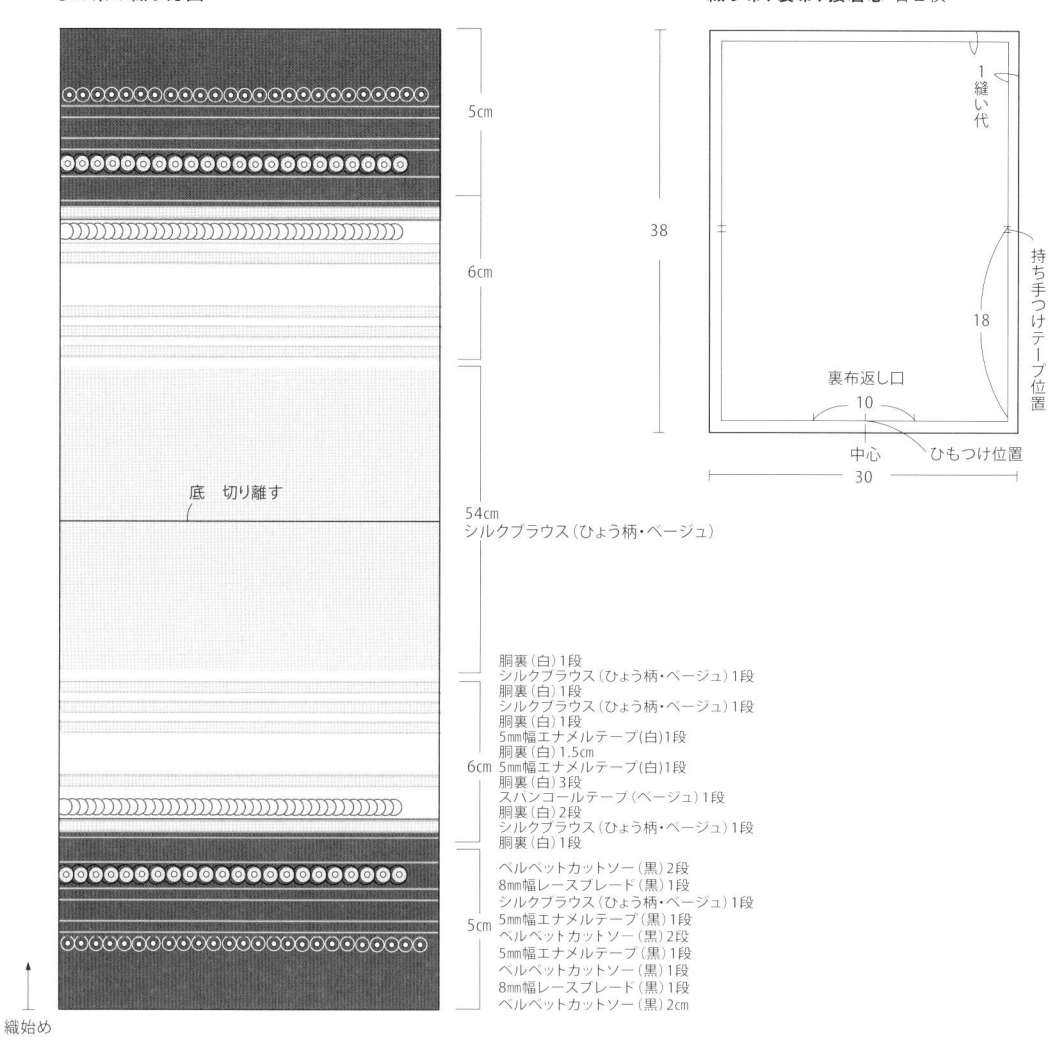

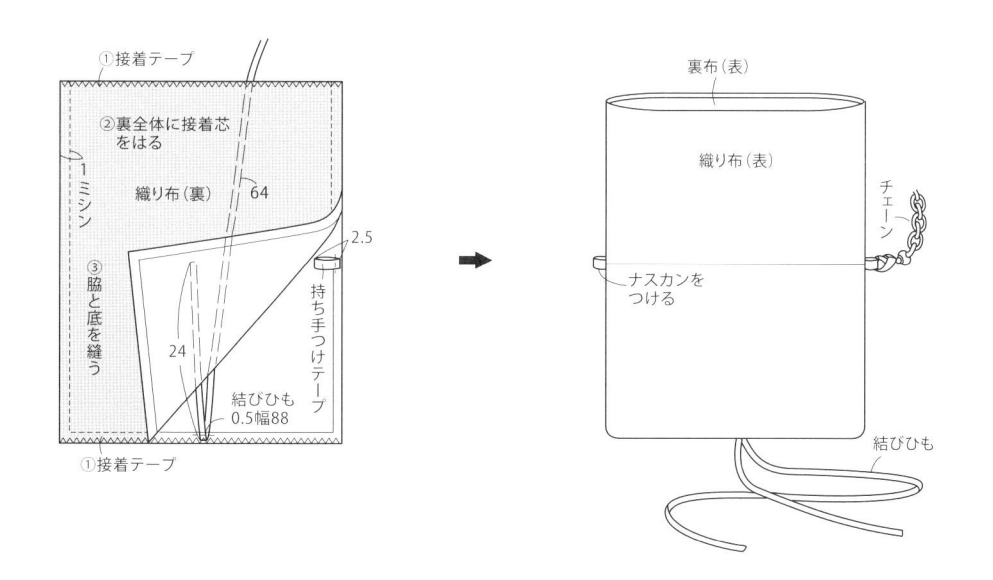

38
1 縫い代
18
持ち手つけテープ位置
裏布返し口
10
中心
ひもつけ位置
30

①接着テープ
②裏全体に接着芯をはる
1 ミシン
織り布(裏)
64
2.5
持ち手つけテープ
24
③脇と底を縫う
結びひも 0.5幅88
①接着テープ

→

裏布(表)
織り布(表)
チェーン
ナスカンをつける
結びひも

page 15 セーターを裂き糸に使った大きめバッグ。

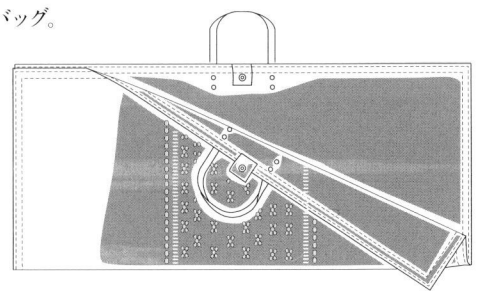

●材料(織り糸以外)
厚手のポリエステル地(黒)〈裏布用〉71×82cm、
　〈マグネットつけ布用〉16×8cm
接着芯(ダンレーヌT121) 70×26cm
1cm幅の接着テープ適宜
1.5cm幅の革(濃い茶色)〈持ち手用〉72cm
直径1.5cmのマグネット(いぶし銀)1組
直径8mm両面カシメ並足黒8個
金づち　目打ち　打棒　打台

●織り方
浮き織り。よこ糸用のセーターは裂く前に洗濯機で縮めておく。縮んだセーターは幅7mm、縮まなかったものは幅1cmにカットする。織り方図通りに織る。織始めから45cm織ったところでバッグの紋様が前後対称になるように織り進む。90cmを2枚分織り、縮絨で10%程度縮む。片側の織り端(耳)が表に出るので、端をきれいに織ること。

●仕立てる前の準備
織り布のたて糸とよこ糸をなじませるため縮絨する。50℃の湯(織り布がひたひたになる程度)の中に大さじ2杯の粉石鹸を入れた石鹸水に織り布を入れ、軽くもみ洗いする(5分ほどを目安に。縮みすぎないように気をつける)。ぬるま湯でそっとすすぎ、脱水後乾燥させ、スチームアイロンで形を整える。

●作り方
1　丈の中心の両側裏面に接着テープをはり、テープの上からミシンをかけ、ほつれないようにして中心を切る。織始めと↗
織終り、中心の切り端にロックミシンをかける。さらに柄織り部分の裏面に接着芯をはる。中心の切り端にロックミシンをかける。さらに柄織り部分の裏面に接着芯をはる。

2　織り布の耳を外表に重ねて縫い(p.72参照)、ステッチを2本かける。

3　マグネットつけ布にマグネットをつける。取りつけ面に注意。

4　織り布と裏布を中表に合わせ、前後入れ口の中心の間にマグネットつけ布をはさみ、返し口を残してぐるりと縫う。

5　返し口から表に返し、アイロンで出来上りに形を整え、織り布側から周囲にステッチを2本かける。

6　革の持ち手をカシメでしっかりとめ、脇をかた結びしてバッグの形にする。

織りデータ

たて糸	ジャパンシープウール濃い茶色(posh89) 100g
よこ糸用布	ジャパンシープ(posh89) 90g、ブルーとベージュのセーター
裂き幅	ブルーのセーター0.7cm、ベージュのセーター1cm
おさ通し幅	40cm
整経長	2m80cm
おさ	50羽(cm5)
たて糸の本数	199本
織上りサイズ	36×164cm

よこ糸の織り方

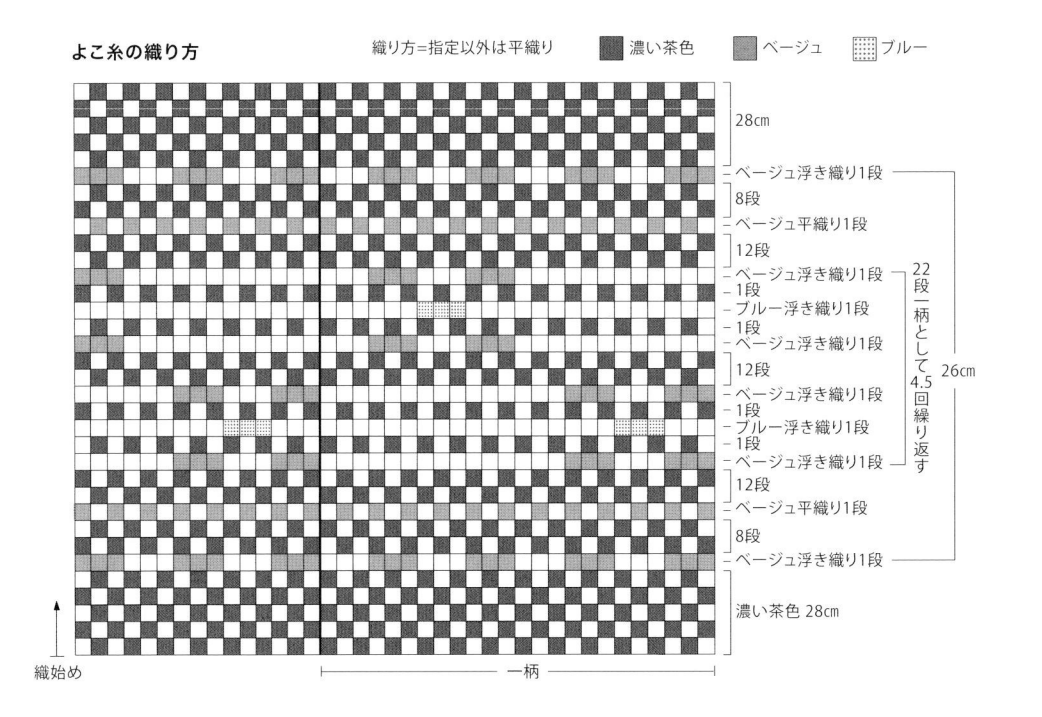

織り方=指定以外は平織り　■濃い茶色　▨ベージュ　▦ブルー

28cm
ベージュ浮き織り1段
8段
ベージュ平織り1段
12段
ベージュ浮き織り1段
1段
ブルー浮き織り1段
1段
ベージュ浮き織り1段
12段
ベージュ浮き織り1段
1段
ブルー浮き織り1段
1段
ベージュ浮き織り1段
12段
ベージュ平織り1段
8段
ベージュ浮き織り1段
濃い茶色 28cm

22段/柄として4.5回繰り返す
26cm

織始め　－柄－

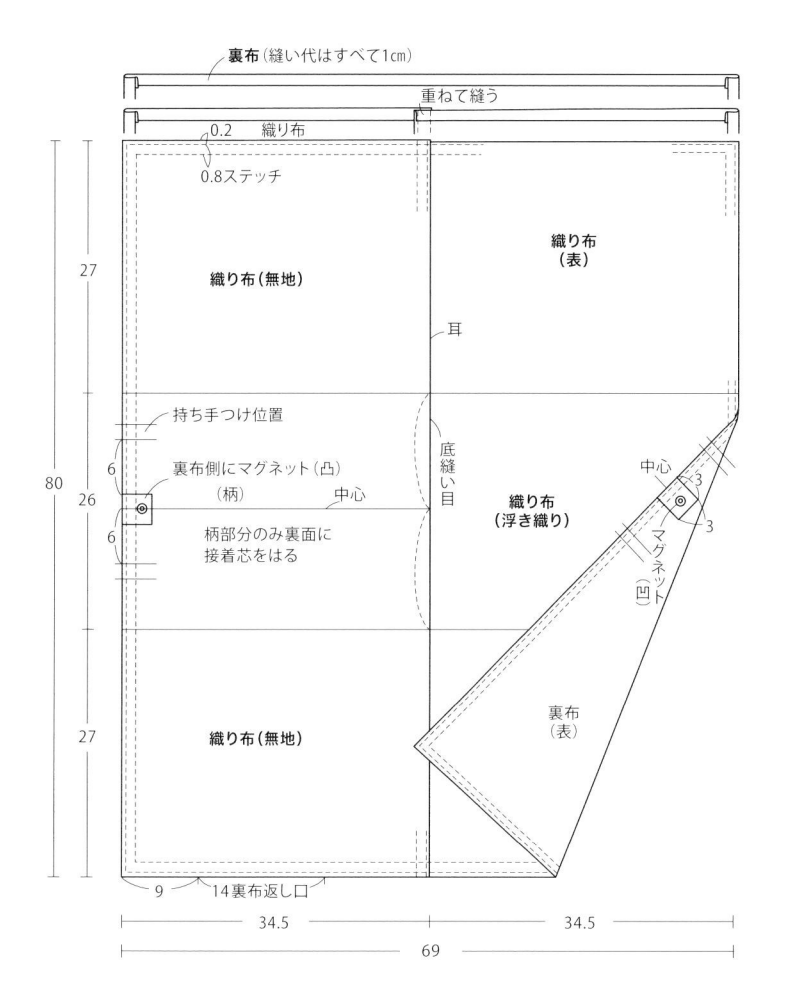

裏布（縫い代はすべて1cm）
重ねて縫う
0.2 織り布
0.8ステッチ

織り布（無地）
織り布（表）
耳
持ち手つけ位置
裏布側にマグネット（凸）
（柄）
中心
底縫い目
織り布（浮き織り）
柄部分のみ裏面に接着芯をはる
中心
マグネット（凹）
裏布（表）
織り布（無地）

27
26
27
80
6
6
9　14裏布返し口
34.5　34.5
69

持ち手のつけ方

持ち手 革36×2
織り布（表）
カシメ
5
2
1.5
1.5

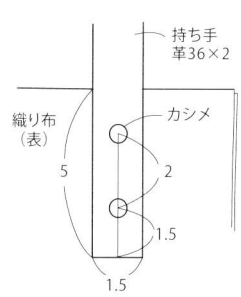

① カシメつけ位置に3mmの穴をあける

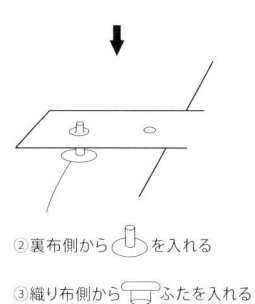

② 裏布側から を入れる

③ 織り布側から ふたを入れる

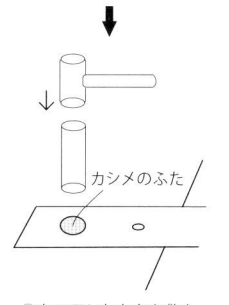

④ 布の下に打ち台を敷き、カシメの上に打ち棒を当て、まっすぐ上からたたく

マグネットのつけ方

1　1.5　3　1.5　1
1
3
3
1
8
8

取りつけ布 2枚
布に切込みを入れ、マグネットを取りつける

マグネット
1
3
3
わ
まつる

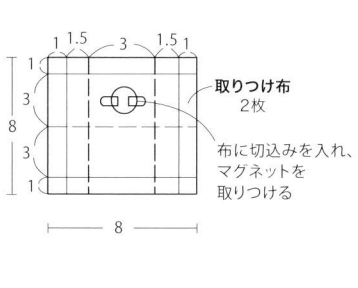

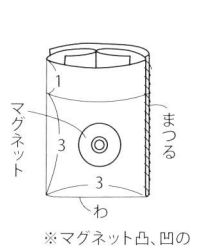

※マグネット凸、凹の取りつけ面は逆になる

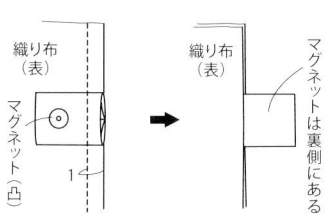

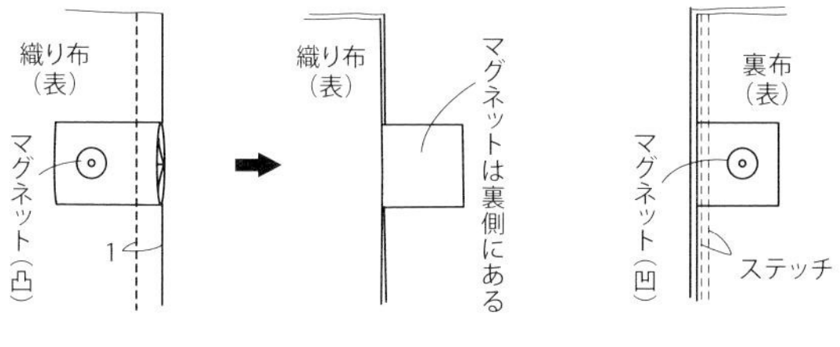

織り布（表）
マグネット（凸）
1
→
織り布（表）
マグネットは裏側にある

裏布（表）
マグネット（凹）
ステッチ

織り布と裏布を中表に合わせて周囲を縫うときに、マグネット取りつけ布をはさんで一緒に縫う

page 16 惜しげない素材、シーチング2色の糸を編んで。

●材料(編み糸以外)
厚手接着芯(マンベル 5800P) 20×5cm 2枚
持ち手(プラスチック製・持ち手間 12cm、
　　　　幅 1.4cm、高さ 15cm) 1組
丸カン(直径 2.5cm、太さ 3mm) 4個
目打ち　ペンチ

●編み方
2色のシーチングの裂き糸で、底中心からかぎ針で編み方図通りに編む。作り目は鎖8目を輪にし、鎖1目で立ち上がり、輪の中に細編み8目を編み入れる。2段めからは立上り目を編まずに渦巻き状に編み進む。編始めが分かりにくいので、始めの目に印(糸印、クリップなど)をつけながら編むといい。また、編み目がゆるまないように糸を引きぎみにして編むと仕上りがきれいになる。ベージュで29段、黄で13段編んだら、ベージュで見返しを編む。43段から47段までは中長編み1目と鎖編み1目を繰り返し、48段めは細編み、49段めは引抜き編みで編み端を整えるが、きつくならないように注意。

●バッグのまとめ方
1　接着芯の丸カン通し位置に目打ちなどで穴をあけておく。
2　本体の持ち手つけ位置に接着芯をはる。
3　本体の見返し分を折り山で内側に折り、持ち手を付けた丸カンを通しつける。

編み物データ

裂き糸用	シーチングの黄 90cm×1m、ベージュ 90cm×2m
裂き幅	1cm
針の号数	7/0号、8/0号 かぎ針
編み方	細編み、中長編み
段数	49段
編上りサイズ	円周80cm、深さ24〜25cm

編み方

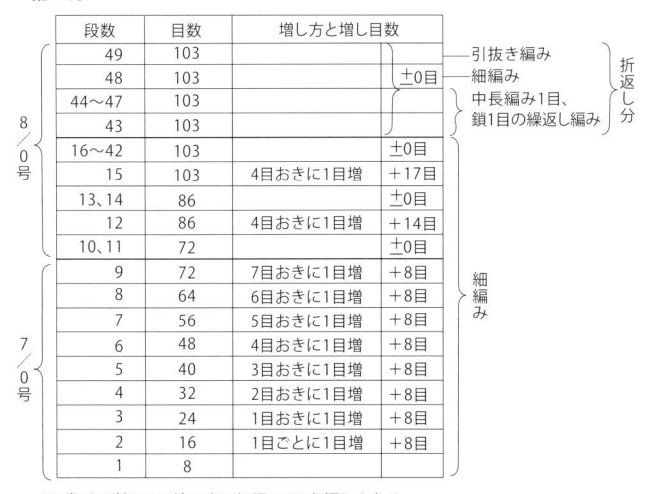

	段数	目数	増し方と増し目数		
8/0号	49	103			引抜き編み／折返し分
	48	103		±0目	細編み
	44〜47	103			中長編み1目、鎖1目の繰返し編み
	43	103			
	16〜42	103		±0目	
	15	103	4目おきに1目増	+17目	
	13、14	86		±0目	
	12	86	4目おきに1目増	+14目	
	10、11	72		±0目	
7/0号	9	72	7目おきに1目増	+8目	細編み
	8	64	6目おきに1目増	+8目	
	7	56	5目おきに1目増	+8目	
	6	48	4目おきに1目増	+8目	
	5	40	3目おきに1目増	+8目	
	4	32	2目おきに1目増	+8目	
	3	24	1目おきに1目増	+8目	
	2	16	1目ごとに1目増	+8目	
	1	8			

※1段めは鎖8目の輪の中に細編み8目を編み入れる

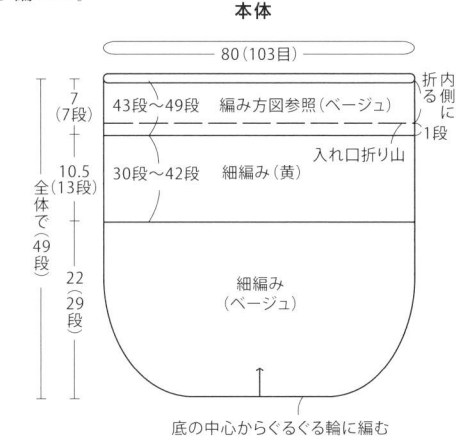

本体

80(103目)
7(7段) 43段〜49段　編み方図参照(ベージュ)　折る／内側に
　　　　　　　　　　　　　　　　　　　　　　　入れ口折り山
10.5(13段) 30段〜42段　細編み(黄)
22(29段) 細編み(ベージュ)
全体で(49段)

底の中心からぐるぐる輪に編む
(底は直径約25cmぐらいの円形になる)

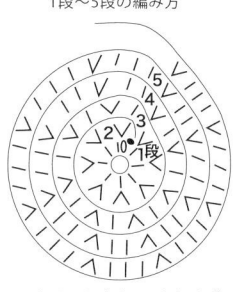

編み方

O --- 鎖目
● --- 引抜き編み
| --- 細編み
V --- 細編みの増し目
T --- 中長編み

1段〜5段の編み方

2段めから立上り目を編まず、ぐるぐるうず巻き状に編み進む

43段〜49段の編み方

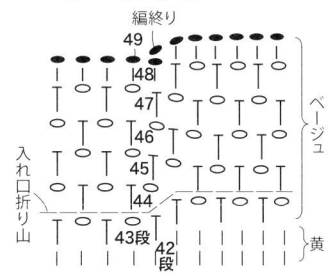

編終り
49／48／47／46／45／44／43段／42段
ベージュ／黄
入れ口折り山

持ち手のつけ方

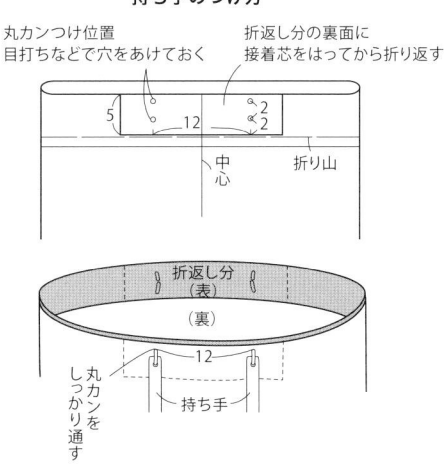

丸カンつけ位置
目打ちなどで穴をあけておく
折返し分の裏面に接着芯をはってから折り返す

5　12　2／2
中心　折り山

折返し分(表)(裏)
12
丸カンをしっかり通す
持ち手

page 17

シーチングは裂織りにするといい風合いに。

●材料（織り糸以外）
プリント木綿〈裏袋用〉45×75cm
シーチング〈ポケット用〉32×30cm、〈持ち手の芯用〉10×55cm
1cm幅の接着テープ適宜
厚さ1mmのソフト革〈持ち手用〉20×55cm

●織り方
平織り。織り端（耳）が表側に出るので端をきれいに織ること。

●作り方
1 本体の織り布を二等分に切り離し、織始めと織終り、切り端の裏面に接着テープをはり、端にロックミシンをかける。
2 織り布2枚を外表に置き、底側を図のように重ねて縫う。
3 持ち手を2本作り、織り布（表面）の入れ口側に縫い止める。
4 織り布2枚を中表に重ねて脇を縫い、まちを作る（p.61参照）。
5 裏袋を作る。裏布の片側にポケット（p.52参照）をつけ、両脇とまちを縫う。
6 本体と裏袋を外表に合わせて形を整え、入れ口をぐるりと縫う。

織りデータ

たて糸	ジャパンシープ木綿生成り(18-4)70g
よこ糸用布	シーチング生成り90cm×1m70cm
裂き幅	1cm（手で裂く）
おさ通し幅	40cm
整経長	1m60cm
おさ	40羽(cm4)
たて糸の本数	160本
織上りサイズ	37×90cm

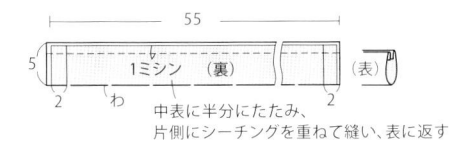

持ち手（革）2本
55 / 5 / 1ミシン（裏）（表） / 2 わ 2
中表に半分にたたみ、
片側にシーチングを重ねて縫い、表に返す

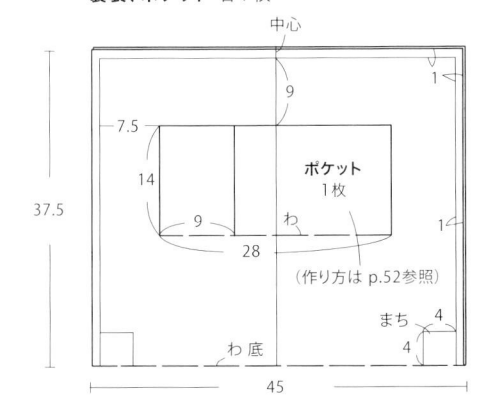

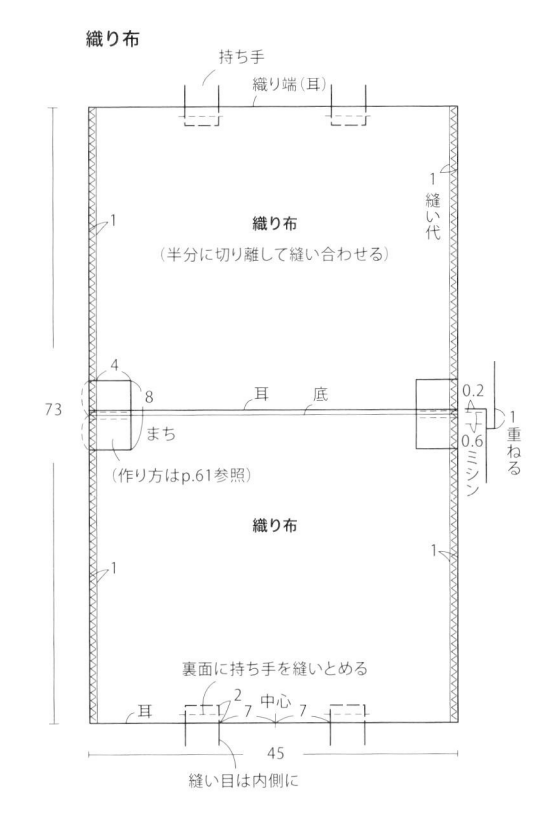

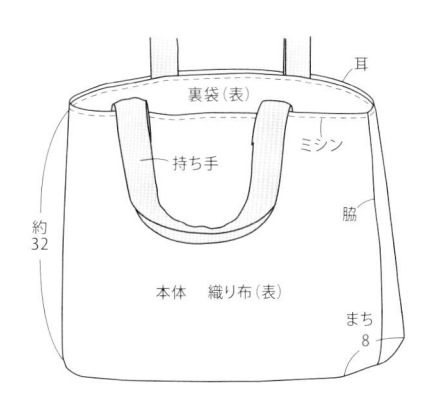

裏袋、ポケット 各1枚
中心 / 9 / 7.5 / 14 / ポケット1枚 / 9 / 28 / 1 / 37.5 / わ底 / 45 / まち 4 / 4
（作り方はp.52参照）

織り布
持ち手 / 織り端（耳） / 1 縫い代 / 73 / 4 / 8 耳 底 / 0.2 / 0.6 / 1 重ねる / ミシン / まち（作り方はp.61参照）
織り布（半分に切り離して縫い合わせる）
裏面に持ち手を縫いとめる
耳 / 2 / 7 中心 7 / 45
縫い目は内側に

裏袋（表）
耳 / ミシン / 持ち手 / 脇 / 約32 / 本体 織り布（表） / まち 8

page 18

色合せが楽しめ、入手しやすいのが
Tシャツの利点。

●材料（織り糸以外）
プリント木綿〈裏袋用〉40×74cm、
　〈ポケット用〉29×30cm、〈持ち手用〉34×18cm
1cm幅の接着テープ適宜
3cm幅のベルト芯〈持ち手用〉68cm

●織り方
平織り。織り端（耳）が表側に出るので
端をきれいに織ること。

●作り方
1. 本体の織り布の織始めと織終りの裏面に接着テープをはり、端にロックミシンをかける。
2. 織り布2枚を外表に合わせて脇を図のように重ねて縫い、中表にして底中心と脇を合わせ、まちを作る。
3. 裏袋を作る。ポケットの作り方は p.52参照。
4. 持ち手を中表に重ねて縫い、表に返し、中にベルト芯を通す。
5. 本体の入れ口の縫い代に、縫い目を内側にして持ち手を仮止めする。
6. 本体と裏袋を中表に合わせて入れ口をぐるりと縫う。裏袋の返し口から全体を表に返し、返し口をとじる（p.52参照）。
7. 入れ口の裏袋を星止めする。

織りデータ

たて糸	ジャパンシープ木綿ピンク(18-S)60g
よこ糸用布	女性用Tシャツピンク系 濃、中、淡3色各Sサイズ1枚
裂き幅	1cm
おさ通し幅	40cm
整経長	1m40cm
おさ	50羽(cm5)
たて糸の本数	199本
織上りサイズ	39×74cm

本体
織り布、裏袋、ポケット 各1枚

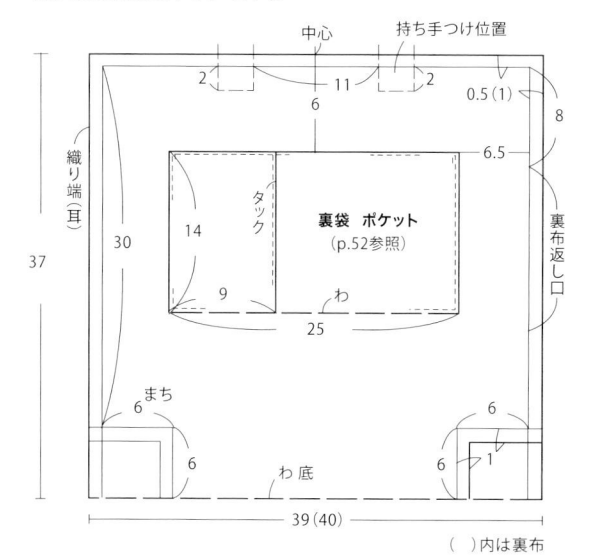

織り方 平織り

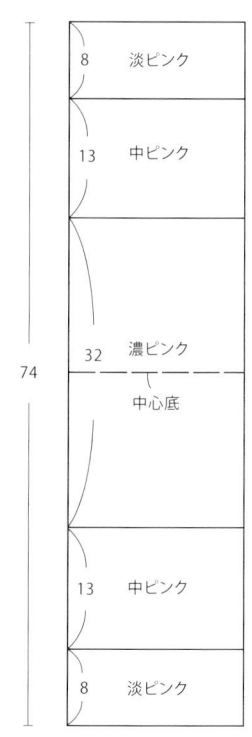

寸法	色
8	淡ピンク
13	中ピンク
32	濃ピンク
	中心底
13	中ピンク
8	淡ピンク

全長 74

持ち手 2本
34 × 9
3.5
ベルト芯

中表に合わせて縫い、表に返して
アイロンで形を整えたらベルト芯を中に通す

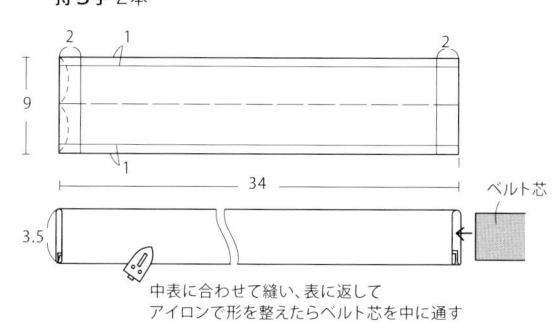

織り布の脇の縫い方
まちの作り方

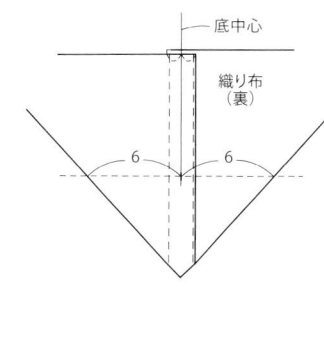

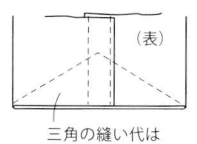

三角の縫い代は
底側に倒して表に返す

( )内は裏布

page 19

ジーンズの色と質感はぶれません。
万人向きのバッグ。

●材料(織り糸以外)
木綿(プリント柄)〈裏袋用〉39×54cm
ジーンズの古着〈持ち手用〉10×44cm
ジーンズのポケット〈裏袋のポケット用〉2枚
厚さ0.8mmの革(黒)〈持ち手用〉3×92cm 2本
1cm幅の接着テープ適宜
1cm幅の両面テープ適宜
底板 31×5cm

●織り方
平織り。織り端(耳)が表側に出るので端をきれいに織ること。

●作り方
1 織り布(本体)の織始めと織終りの裏面に接着テープをはり、端にロックミシンをかける。
2 持ち手を作る。
3 持ち手の裏面中央に両面テープをはり、織り布の表面に曲がらないようにつけ、縫い止める。
4 織り布の脇を外表に重ねて縫い、中表にしてまちを作る(p.72参照)。
5 裏袋を作る。ジーンズのポケットは両側につける。
6 本体と裏袋を中表に合わせて入れ口をぐるりと縫う。裏袋の返し口から全体を表に返し、底板を入れてから返し口をとじる。
7 入れ口の裏袋を星止めする。

織りデータ

たて糸	ジャパンシープ木綿紺(18-16)50g
よこ糸用布	ジーンズ
裂き幅	1cm
おさ通し幅	40cm
整経長	1m30cm
おさ	50羽(cm5)
たて糸の本数	199本
織上りサイズ	38×54cm

持ち手
革(3×92cm)×2、ジーンズ(5×44cm)×2

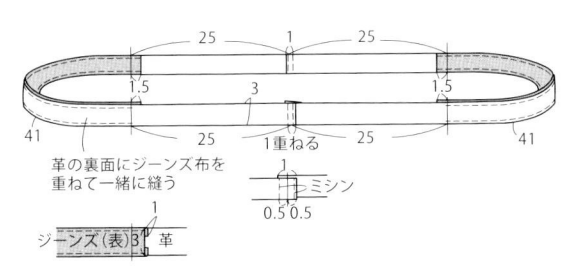

革の裏面にジーンズ布を重ねて一緒に縫う

織り布 1枚

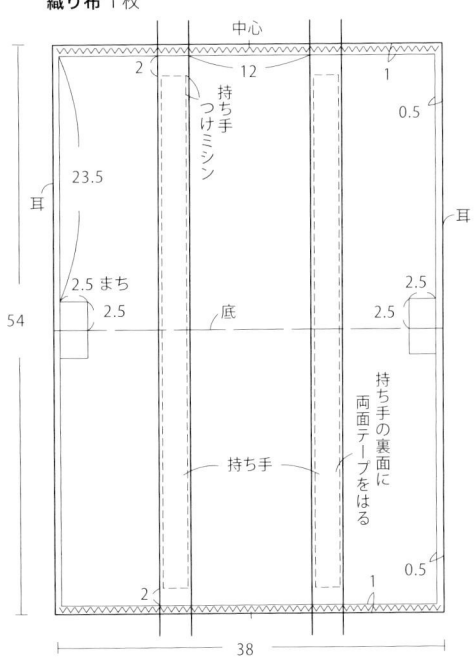

裏袋 1枚、ポケット2枚
ポケットを(ジーンズのポケットを利用)両側につける

角を丸くする
底板

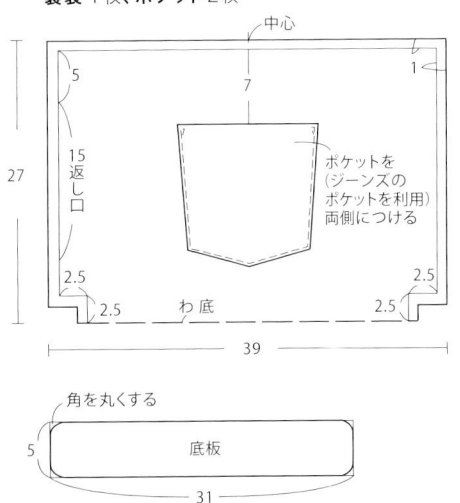

page 20 きものの裏地とジーンズ素材のコラボレーション。

●材料（織り糸以外）
ジーンズの古着〈本体用〉32×20cm、〈タッセル用〉9×12cm
サテン布地（赤）〈裏袋用〉32×31cm
接着芯（ダンレーヌT121）
　〈ジーンズ用〉32×20cm、〈織り布用〉32×12cm
1cm幅の接着テープ適宜
金属ファスナー（ブルー）幅3cm×長さ30cm 1本
0.5cm幅の革ひも（赤）6cm
1cm幅の両面テープ適宜

●織り方
平織り。よこ糸は「紺、赤、ブルー、赤各1段」の4段一柄を繰り返す。

●作り方
1　織り布の織始めと織終りの裏面に接着テープをはり、端にロックミシンをかける。織り布とジーンズ布の裏面に接着芯をはる。
2　織り布とジーンズ布を外表に置き、上にファスナーをのせて縫いつける。
3　織り布とジーンズ布を中表に合わせ、脇と底を縫う。
4　裏布を出来上りにたたみ、脇を縫う。
5　本体と裏布を外表に合わせ、あき口の裏布をファスナーにまつる。また、裏布の脇縫い目を本体に星止めしておくと、裏布が安定する。
6　ファスナーの引き手にジーンズ布のタッセルを作り、つける。

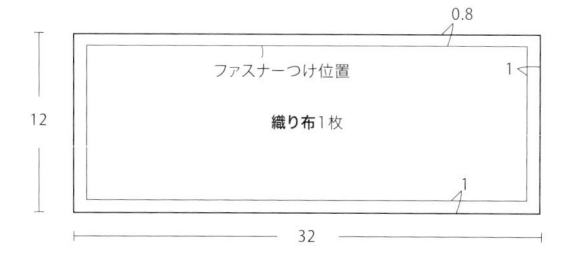

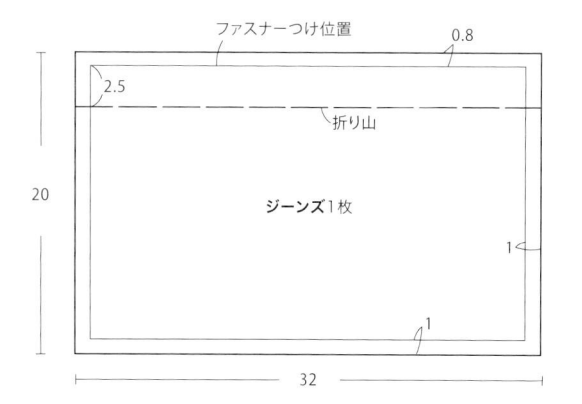

織りデータ

たて糸	ジャパンシープ木綿赤(18-27)30g
よこ糸用布	胴裏の赤25cm、紺とブルー 各12cm
裂き幅	1cm
おさ通し幅	36cm
整経長	70cm
おさ	50羽(cm5)
たて糸の本数	180本
織上りサイズ	32×12cm

※ここではよこ糸の胴裏は、赤以外は染めている。古い裾回しでもいい。

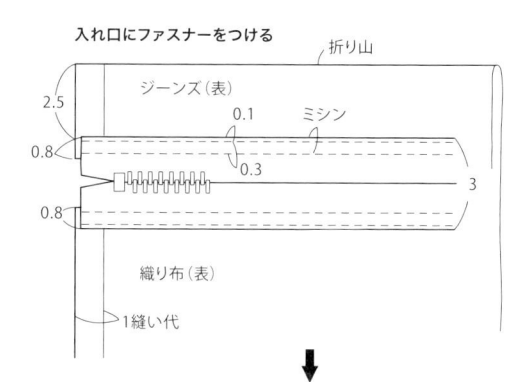

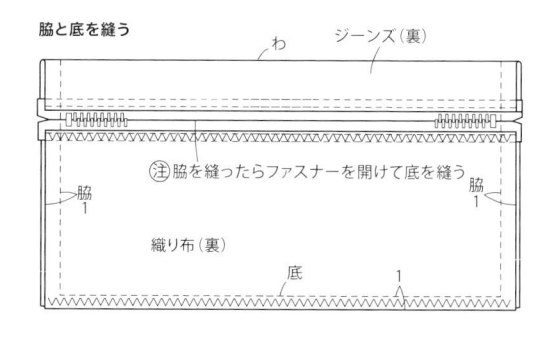

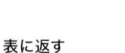

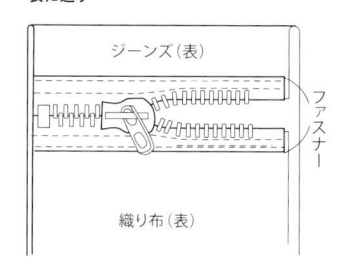

裏袋(裏布)1枚

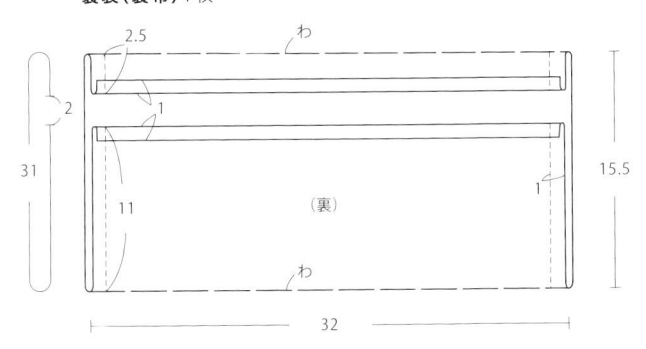

わ
2.5
2
1
31
11
(裏)
15.5
1
わ
32

中表に図のようにたたみ、両脇を縫い、
表に返し、本体と合わせたら入れ口を
ファスナーにまつりつける。
また裏布の脇縫い目を本体の脇に星止めをしておくと
裏袋が安定し、使いやすい

まとめ

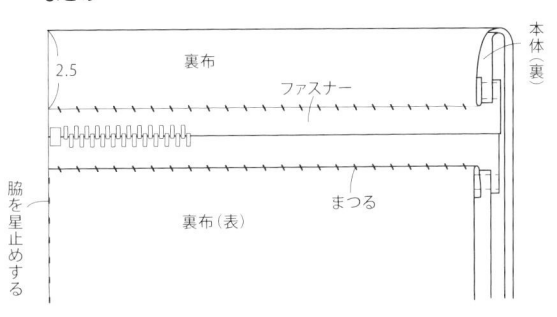

本体(裏)
2.5 裏布
ファスナー
まつる
裏布(表)
脇を星止めする

タッセル

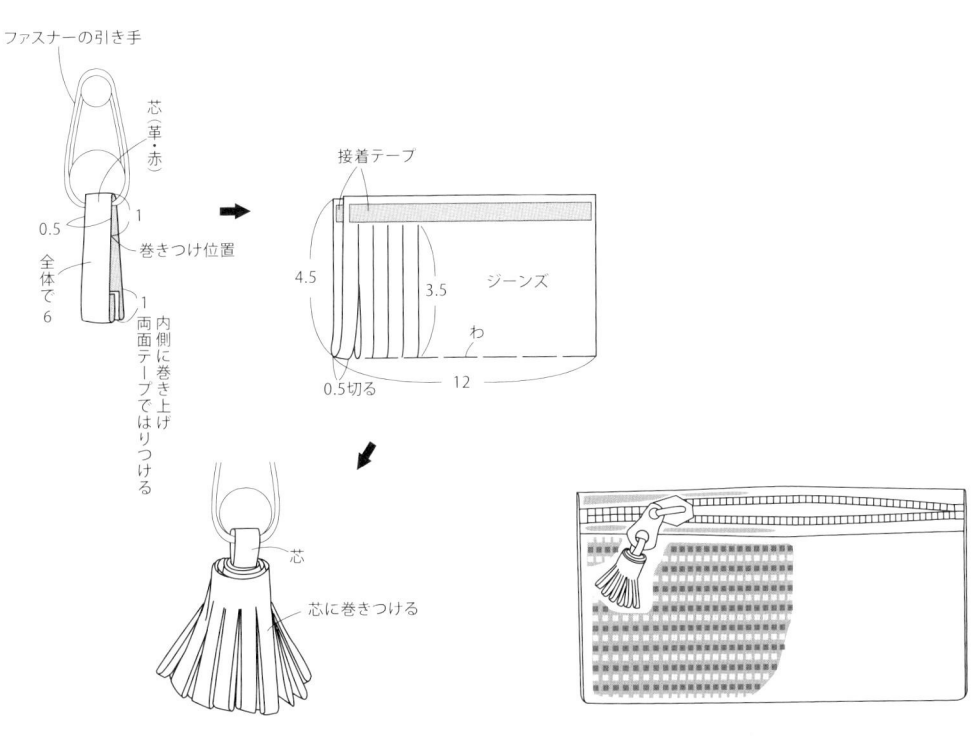

ファスナーの引き手
芯(革・赤)
0.5
1 巻きつけ位置
全体で6
1 内側に巻き上げ
両面テープではりつける

接着テープ
4.5
3.5
ジーンズ
わ
0.5切る
12

芯
芯に巻きつける

75

page 21

近似色のTシャツの微妙な違いで、色みに深さが。

●材料(織り糸以外)
木綿(プリント柄)〈裏袋用〉42×78cm、
(赤)〈ポケット用〉32×30cm
幅1.5cm、厚み2.5mmの革(黒)〈持ち手用〉1m 2本
1cm幅の接着テープ適宜
1cm幅の伸び止めテープ適宜
8mmネジ式スタッド(持ち手留め具)2個
麻糸(革用中細の黒)適宜
2mm幅4本目打ち
革用縫い針 目打ち 金づち 打台

●織り方
平織り。よこ糸はTシャツ3枚の裂き糸をアトランダムに
織り入れ、自由な縞模様に織り上げる。

●作り方
1 織り布の口側縫い代(織り端・耳)と持ち手つけ部分の裏面に伸び止めテープをはる。脇の縫い代には接着テープをはり、ロックミシンでほつれ止めをしておく。
2 持ち手のつけ位置に目打ちで穴を10個あけ、織り布に麻糸で縫いとめる。
3 織り布2枚を中表に合わせ、脇と底を縫い、まちを作る(p.61参照)。
4 裏袋を作る。ポケットの作り方はp.52参照。
5 本体と裏袋を中表に合わせ、入れ口を縫い、裏袋の返し口から全体を表に返し、返し口をとじる。
6 袋の形を整え、裏袋の入れ口を星止めする。
7 持ち手の先端に目打ちで穴を開け、スタッドをつける。

織りデータ

たて糸	ジャパンシープ木綿黒(18-17)60g
よこ糸用布	Tシャツ紺で女性用Mサイズ3枚
裂き幅	1cm
おさ通し幅	40cm
整経長	1m50cm
おさ	50羽(cm5)
たて糸の本数	199本
織上りサイズ	39×84cm

織り布、裏袋 各2枚
ポケット(赤)1枚

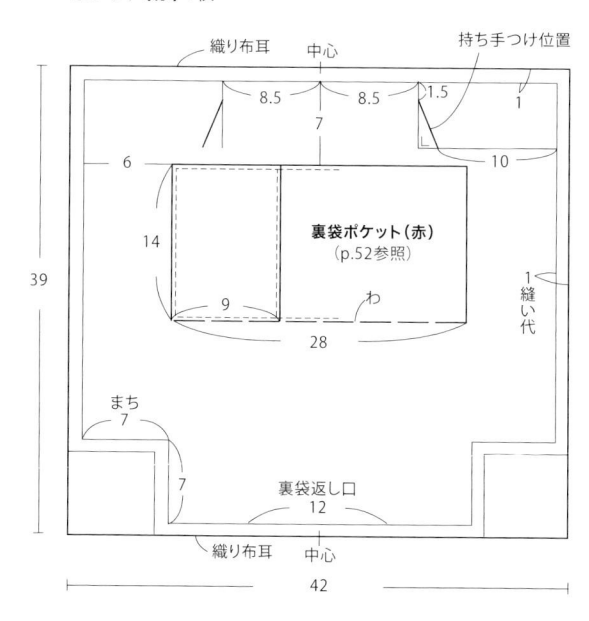

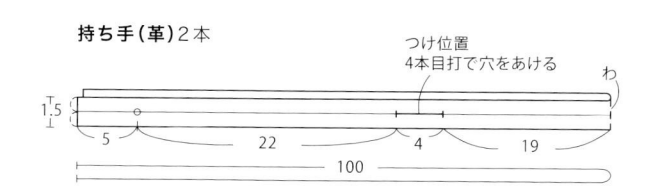

持ち手(革)2本

持ち手のつけ方

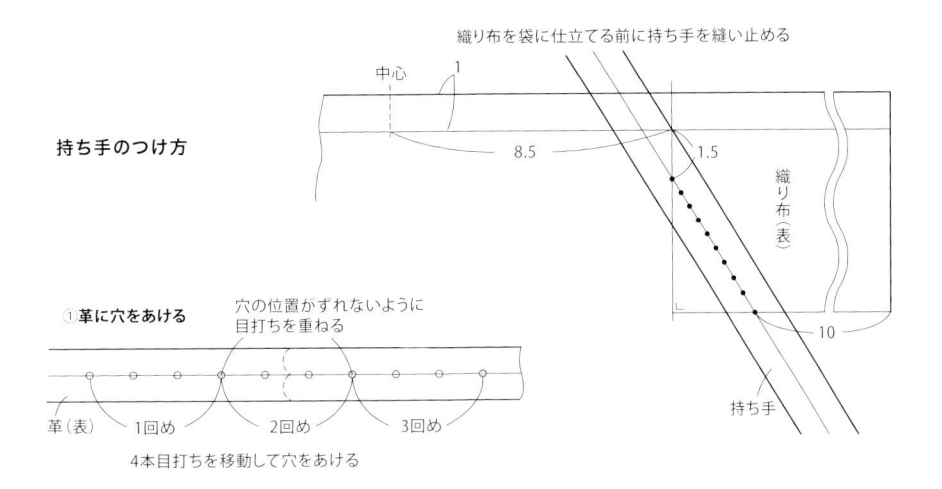

織り布を袋に仕立てる前に持ち手を縫い止める

中心
1
8.5
1.5
10
織り布(表)
持ち手

① 革に穴をあける

穴の位置がずれないように目打ちを重ねる

革(表)　1回め　2回め　3回め

4本目打ちを移動して穴をあける

② 縫いつける

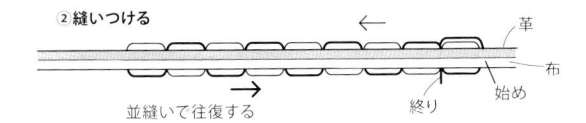

革
布
始め
終り

並縫いで往復する

まとめ

裏袋を星止めでとめる

裏袋(表)
脇
持ち手
織り布(表)
ネジ式スタッドをつける
5
まち幅14

裏袋(表)
織り布(表)
持ち手

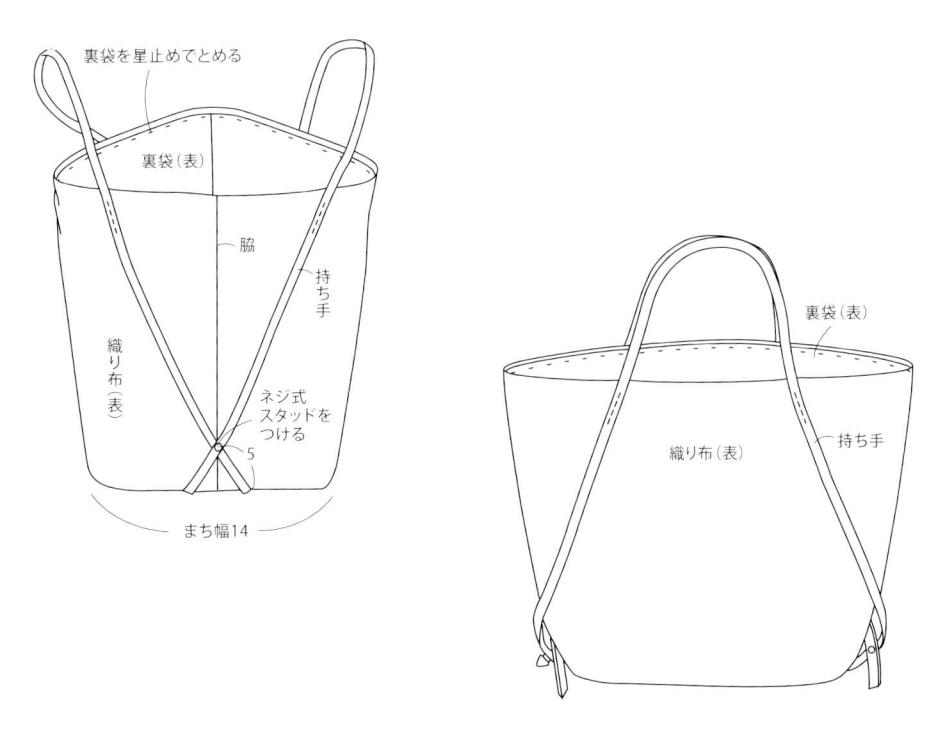

page 22

麻は裂いてもやはりすばらしい。絣の昔きもので。

●材料(織り糸以外)
厚さ1mmの革(ボルドー色)〈本体用〉46×46cm、
〈見返し用〉46×8cm、〈持ち手用〉35×8cm
コーティング地(グレー)〈裏袋用〉92×45cm、
〈ポケット用〉32×30cm
厚手接着芯(マンベル5800P)92×27cm
1cm幅の接着テープ適宜
3mm幅の両面テープ適宜

●織り方
平織り。織り端(耳)が表側に出るので、端をきれいに織ること。

●作り方
1 織り布の織始めと織終わりの裏面に接着テープをはり、端にロックミシンをかける。さらに裏面全体に接着芯をはる。
2 織り布と革を縫い合わせる。
3 本体2枚を中表に合わせ、脇と底を縫い、まちを作る。
4 裏袋を作る。裏布にポケットをつけ、裏布に見返しの革をのせて縫い合わせたら、脇と底を縫い、まちを作る。
5 持ち手を作る。革2枚を両面テープではり合わせ、端ミシンをかける。同じものを2本作る。
6 本体と裏袋を外表に合わせ、入れ口に持ち手をはさみ、裏袋側を見て口の端をぐるりと縫う。

織りデータ

たて糸	ジャパンシープ木綿 ライトグレー(18-1)50g
よこ糸用布	麻絣きもの地 3m
裂き幅	0.9cm
おさ通し幅	30cm
整経長	1m60cm
おさ	50羽(cm5)
たて糸の本数	150本
織り上りサイズ	27×92cm

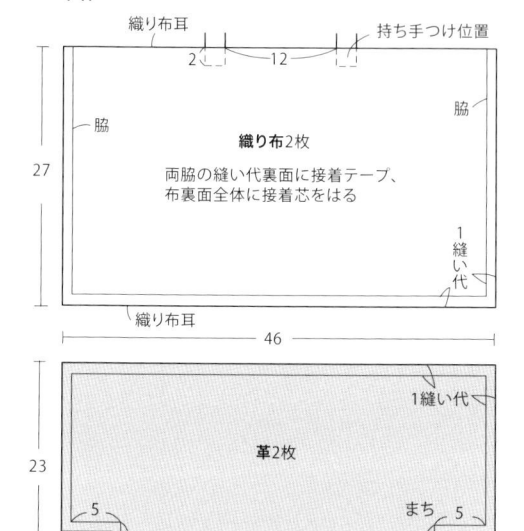

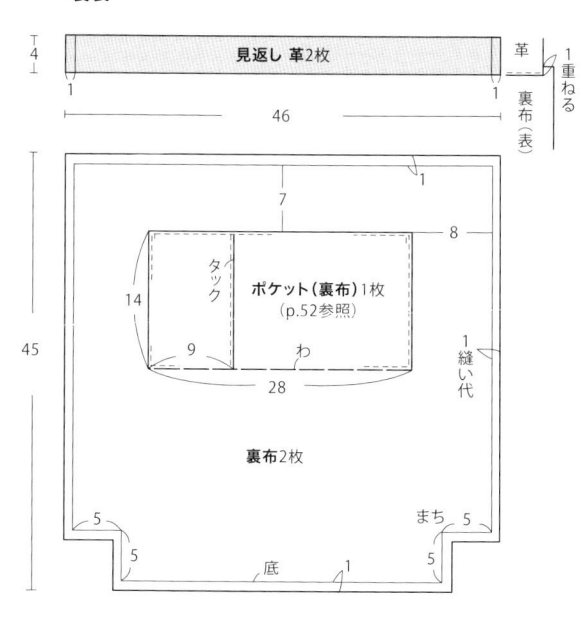

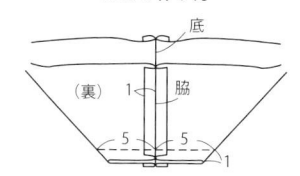

ポケットの作り方

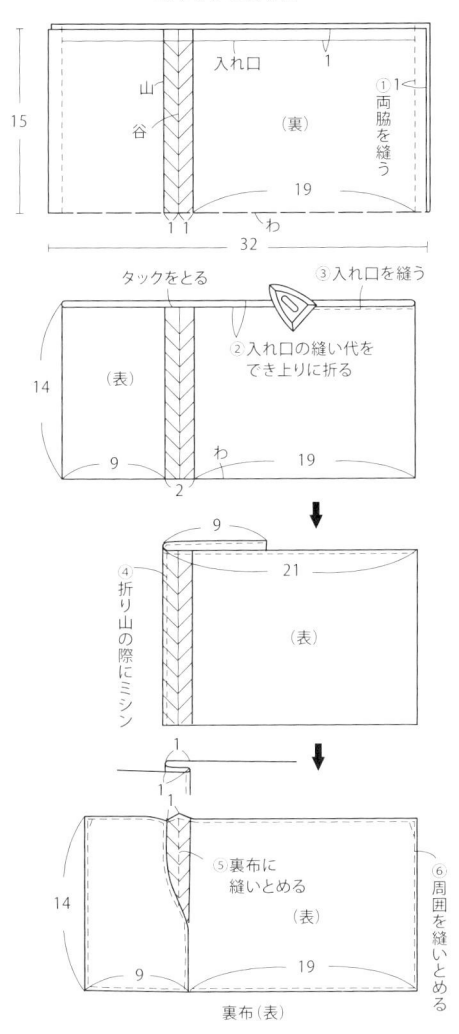

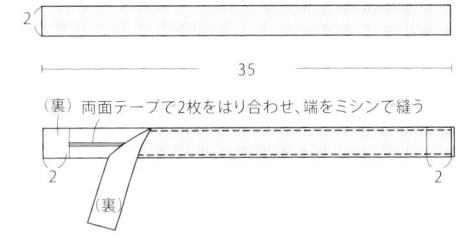

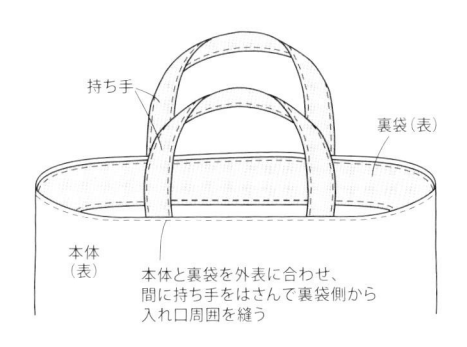

持ち手（革）4枚

両面テープで2枚をはり合わせ、端をミシンで縫う

① 両脇を縫う
② 入れ口の縫い代をでき上りに折る
③ 入れ口を縫う
④ 折り山の際にミシン
⑤ 裏布に縫いとめる
⑥ 周囲を縫いとめる

本体と裏袋を外表に合わせ、間に持ち手をはさんで裏袋側から入れ口周囲を縫う

page ── 23 青無地きもの地で。
絹のソフト感を革で引き締めました。

● 材料（織り糸以外）
厚さ1mmの革（黒）〈本体用〉52×40cm、
　〈見返し用〉52×10cm、〈持ち手用〉52×8cm
綾織りの木綿（黒）〈裏袋用〉104×39cm
木綿（青）〈ポケット用〉32×30cm
厚手接着芯（マンベル 5800P）104×24cm
1cm幅の接着テープ適宜
3mm幅の両面テープ適宜

● 織り方
平織り。織り端（耳）が表側に出るので、端をきれいに織ること。

● 作り方
1　織り布の織始めと織終りの裏面に接着テープをはり、
　　端にロックミシンをかける。さらに裏面全体に接着芯をはる。
2　以降の作り方はp.78参照。

織りデータ

たて糸	ジャパンシープ木綿 青(18-O)50g
よこ糸用布	きもの地青 4m
裂き幅	1cm
おさ通し幅	28cm
整経長	1m70cm
おさ	50羽(cm5)
たて糸の本数	140本
織上りサイズ	24×104cm

※次ページへ続く

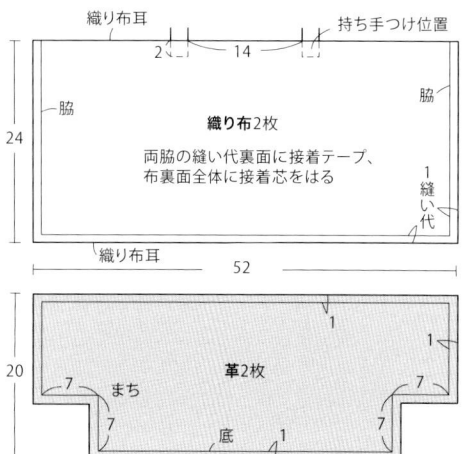

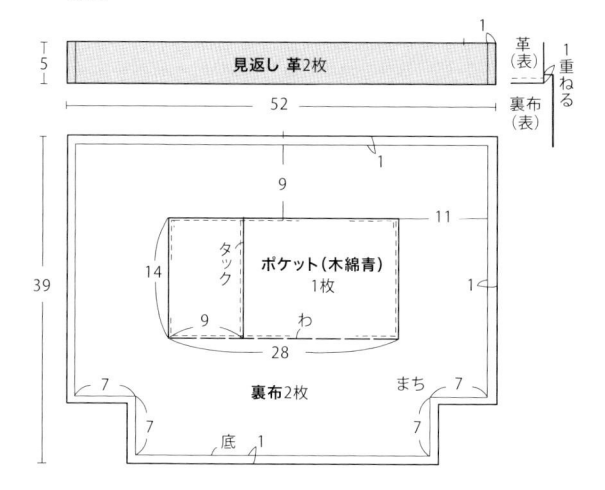

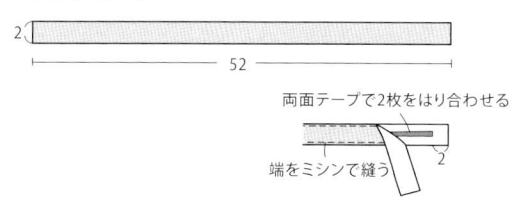

本体

織り布2枚
両脇の縫い代裏面に接着テープ、布裏面全体に接着芯をはる

- 織布耳
- 持ち手つけ位置
- 脇
- 縫い代
- 織り布耳
- 24, 52, 2, 14, 1

革2枚
- 20, 1, 7, まち, 底, 1

裏袋

見返し 革2枚
- 52, 5, 1
- 革(表)/裏布(表)/重ねる

裏布2枚
- 39, 1, 9, 11, 14, 28, 9, 7, 1
- ポケット(木綿青)1枚
- タック, わ, 底, まち

持ち手 革4枚
- 2, 52
- 両面テープで2枚をはり合わせる
- 端をミシンで縫う

---

page 24　ニットの裂き糸を編んだ、もこもこ乙女なバッグ。

● 材料(織り糸以外)
薄手木綿のプリント柄〈裏袋用〉66×24cm、
　〈口ひも用〉90×5cm、〈持ち手用〉80×2cm
木綿(赤無地)〈ポケット用〉28×28cm
チェーン60cm
直径8mmの丸カン2個　ペンチ

● 編み方
セーターの裂き糸で入れ口側から底に向って編む。作り目は棒針にかぎ針で直接鎖目を編みつける方法で80目作り、41段ぐるぐる輪に編む。

● バッグのまとめ方
1. 本体の底をとじる。裏面を見て棒針にかかっている編み目を40目ずつに分け、かぎ針で2目ずつ一緒に引抜はぎでとじる。
2. 裏袋を作る。ポケットを作り、裏布の1枚につけ(p.52参照)、2枚を中表に合わせ、ひも通し口を残して脇と底を縫う。縫い代は開き、入れ口は出来上りに折っておく。
3. 本体と裏袋を外表に合わせ、裏袋の入れ口を本体にまつりつける。口ひも通しの上下にステッチをかける。
4. 口ひもと持ち手用の飾りひもを作る。
5. 口ひもを本体に通し、持ち手のチェーンに飾りひもを通す。丸カンをチェーンに通し、バッグの両脇に縫いとめる。

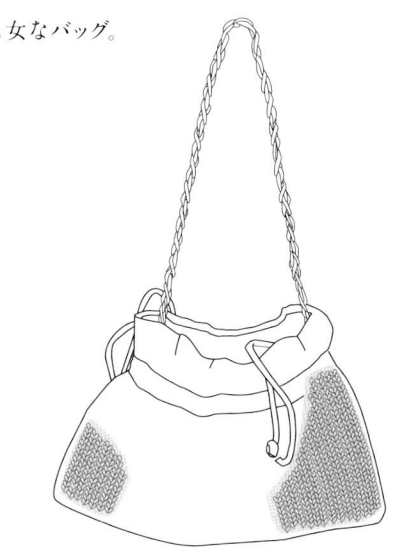

編み物データ

裂き糸用布	女性用セーターピンクMサイズ1枚
裂き幅	1cm
針の号数	12号40cm輪針、12／0号かぎ針
編み方	表編み(メリヤス編み)
段数	41段
編上りサイズ	幅31×高さ22cm

本体 メリヤス編み（毎段表編みを繰り返す）

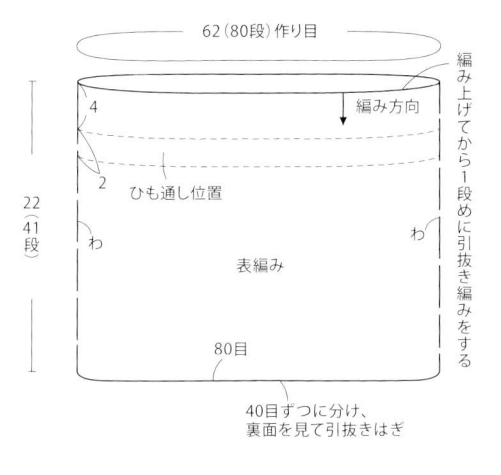

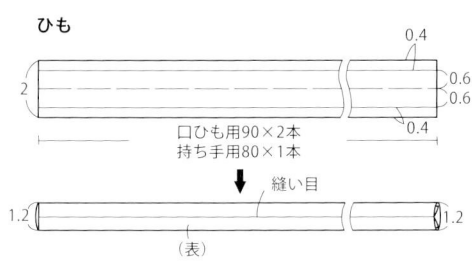

- 62（80段）作り目
- 22（41段）
- 80目
- ひも通し位置
- 編み方向
- 表編み
- わ
- 編み上げてから1段めに引抜き編みをする
- 40目ずつに分け、裏面を見て引抜きはぎ

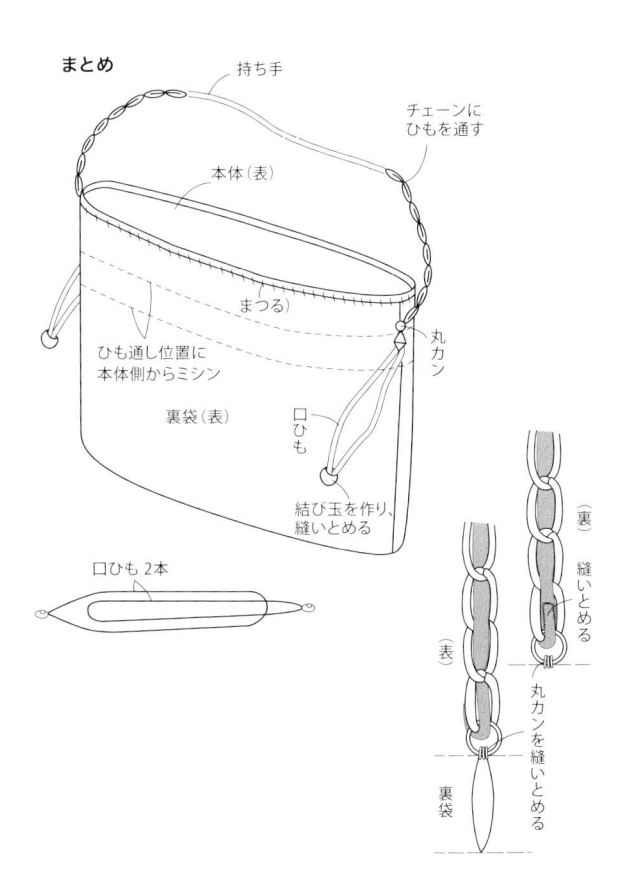

編み方図

作り目は棒針にかぎ針で直接鎖目を編みつける方法

1段、2段　1目、2目

ひも

- 口ひも用90×2本
- 持ち手用80×1本
- 0.4 / 0.6 / 0.6 / 0.4
- 2
- 1.2　縫い目　1.2
- （表）

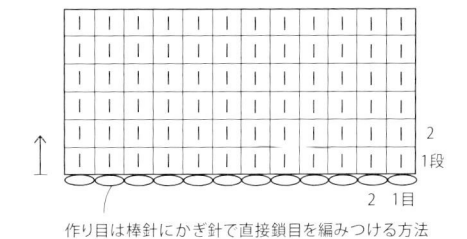

裏袋 2枚、ポケット1枚

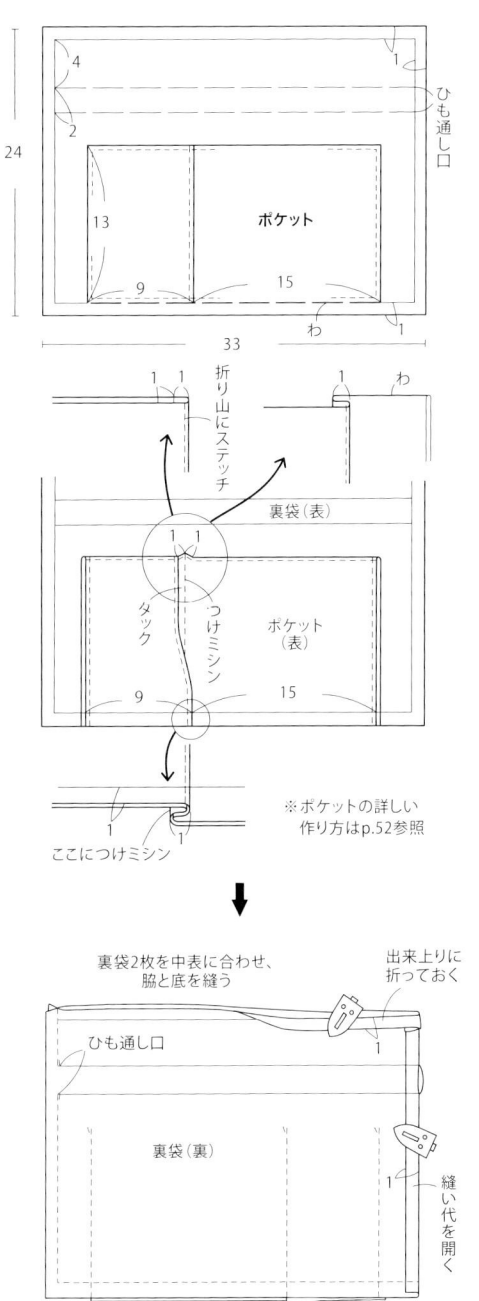

- 24
- 33
- 13 / 9 / 15
- ポケット
- ひも通し口
- わ

折り山にステッチ
裏袋（表）
タック
つけミシン
ポケット（表）
9　15
ここにつけミシン
※ポケットの詳しい作り方はp.52参照

裏袋2枚を中表に合わせ、脇と底を縫う
ひも通し口
裏袋（裏）
出来上りに折っておく
縫い代を開く

まとめ

- 持ち手
- 本体（表）
- チェーンにひもを通す
- まつる
- ひも通し位置に本体側からミシン
- 裏袋（表）
- 口ひも
- 丸カン
- 結び玉を作り、縫いとめる
- 口ひも 2本
- （裏）
- （表）
- 縫いとめる
- 丸カンを縫いとめる
- 裏袋

page 24

裂織りならではのきれいな色をたっぷり持ち手に。

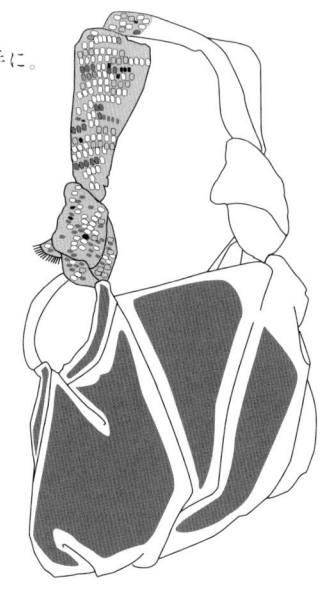

● 材料（織り糸以外）
別珍（紺）〈本体用〉96×36cm
ナイロン地（ピンク）〈裏袋用〉96×36cm
直径10cm、太さ4mmの丸カン2個
ペンチ

● 織り方
平織り。2色の裂き糸を5段ずつ交互に織る。織り端（耳）が見えるので端をきれいに織ること。

● 作り方
1 袋本体を作る。底のタックは中心から対称に外側にとり、2枚を中表に合わせ、脇の袋縫止りから縫止りまでを縫う。
2 裏袋も返し口を残して本体と同様に作る。
3 本体と裏袋を中表に合わせ、返し口を残して脇と底を縫う。次に脇あきと入れ口を前後別々に合わせ、丸カンの入れ口を残して縫い合わせる。
4 返し口から表に返し、アイロンで出来上りの形に整え、丸カンが通る部分にステッチをかけ、丸カンを通す。
5 織り布の持ち手は、織始めと終りにほつれ止めのミシンをかけ、1cmの房を残す。丸カンに結びつける。

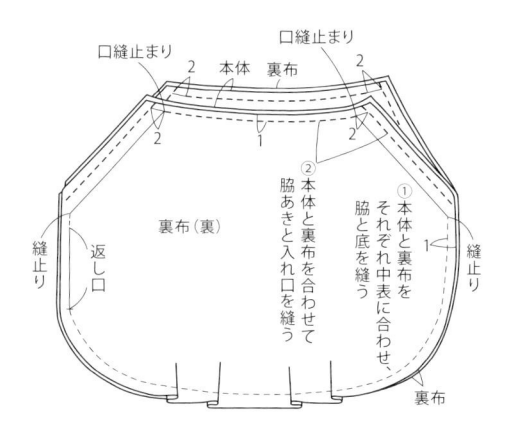

織りデータ

たて糸	編み物用木綿糸（ダルマ・ピマクロッシェ10番レース糸ピンク2玉）
よこ糸用布	きもの地赤紫、青紫各2m
裂き幅	1cm
おさ通し幅	21cm
整経長	1m80cm
おさ	30羽（cm3）
たて糸の本数	64本
織上りサイズ	19×125cm

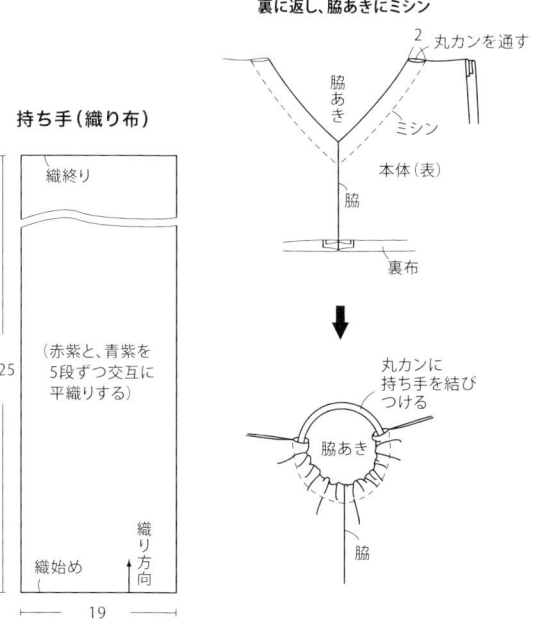

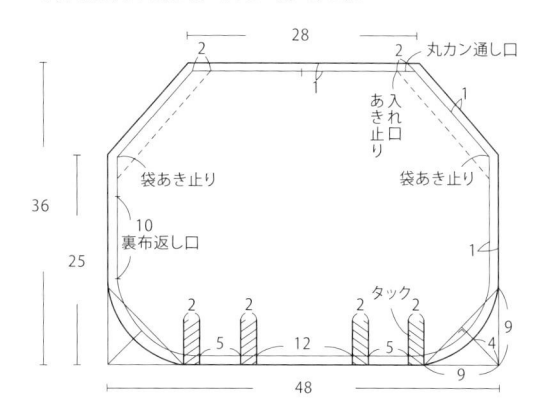

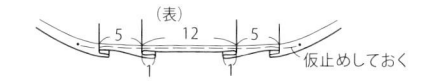

page — 25 長い間使っていた麻のエプロンとテーブルクロスで。

●材料(織り糸以外)
麻(生成り)〈裏袋用〉28×53cm、〈ポケット用〉22×20cm
接着芯(ダンレーヌT121)27×53cm
1cm幅の接着テープ適宜
古いベルト(厚さ3mm・白)〈持ち手用〉1.3×30cm 2本
麻手縫い糸(中細ベージュ)〈持ち手つけ用〉適宜
1cm幅4本目打ち 金づち 打台

●織り方
平織り。2種類の裂き糸と、たて糸と同じ麻糸で織る。
織り端(耳)は表側に出るので端をきれいに織ること。

●作り方
1 織り布(本体)の織始めと織終りの裏面に接着テープをはり、端にロックミシンをかける。さらに全体に接着芯をはる。
2 織り布を外表に半分に折り、脇を図のように1cm重ねて縫う。底中心と脇を合わせて縫い、まちを作る。
3 持ち手の革に目打ちで穴をあけ、本体に縫い止める。
4 裏袋を作る。裏布の片側にポケットをつけ、脇を縫い、まちを作る。
5 本体と裏袋を中表に合わせ、入れ口を縫い、裏袋の返し口から全体を表に返し、返し口をとじ、形を整える。持ち手は縫わないようによけておくこと。
6 入れ口の裏袋を星止めする。

織りデータ

たて糸	ジャパンシープ麻生成り(21-35)50g
よこ糸用布	麻のエプロン生成り、麻のテーブルクロス白各1枚、たて糸の残り少し
裂き幅	1cm
おさ通し幅	30cm
整経長	1m20cm
おさ	40羽(cm4)
たて糸の本数	120本
織上りサイズ	27×53cm

織り方 A=裂き糸白 B=裂き糸生成り C=麻糸

本体(織り布)、裏袋、ポケット、接着芯 各1枚

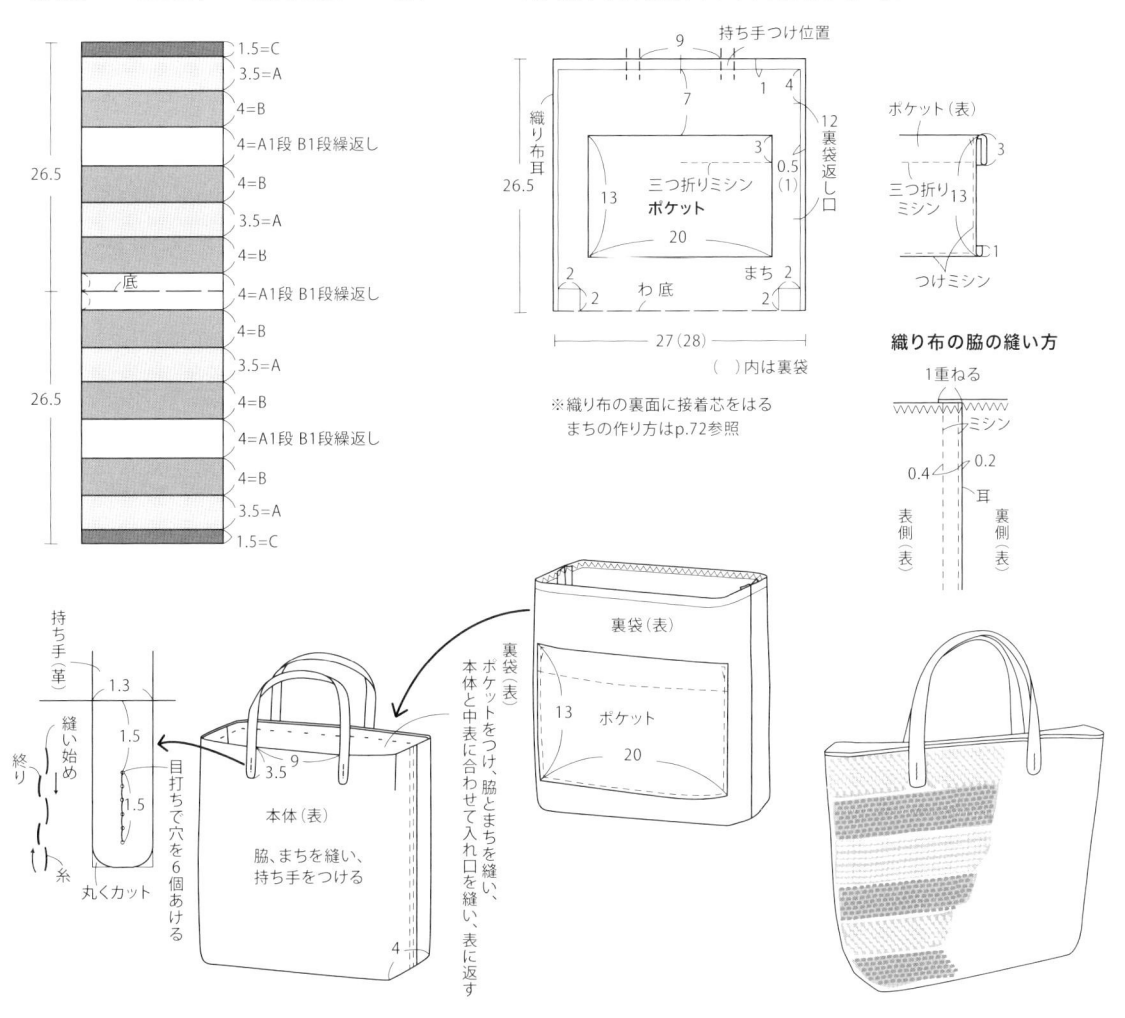

※織り布の裏面に接着芯をはる
まちの作り方はp.72参照

page 25 たっぷり目の麻のエプロン1枚でできるバッグ。

●材料(織り糸以外)
接着芯(クロバー接着芯ソフト)28×10cm
1cm幅の接着テープ適宜
1.5cm幅の革(茶色)〈肩ひも用〉1m44cm
直径1.4cmの金属ボタン(足つきのもの)10個
直径7mmの力ボタン2個
直径3mmの目打ち
カッター　金づち　打台

●織り方
平織り。織始めと終りの見返し部分はたて糸と同じ麻糸で各5cm織る。織端(耳)は表側に出るので端をきれいに織ること。

●作り方
1　本体の織り布の織始めと織終りの裏面に1cm幅の接着テープをはり、見返しに接着芯をはる。端にロックミシンをかける。
2　織り布を外表に半分に折り、脇を図のように1cm重ねて縫う。
3　見返しを内側に折り、本体と一緒に縫う。
4　革の肩ひもに目打ちとカッターでボタンホールをあける。
5　本体の両脇にボタンをつけるが、一番上のボタンのみ裏側に力ボタンをつける。肩ひもをボタンでとめる。

織りデータ

たて糸	ジャパンシープ麻生成り(21-35)70g
よこ糸用布	麻のエプロン生成り1枚、たて糸の残り少々
裂き幅	1cm
おさ通し幅	30cm
整経長	1m50cm
おさ	40羽(cm4)
たて糸の本数	120本
織上りサイズ	28×86cm

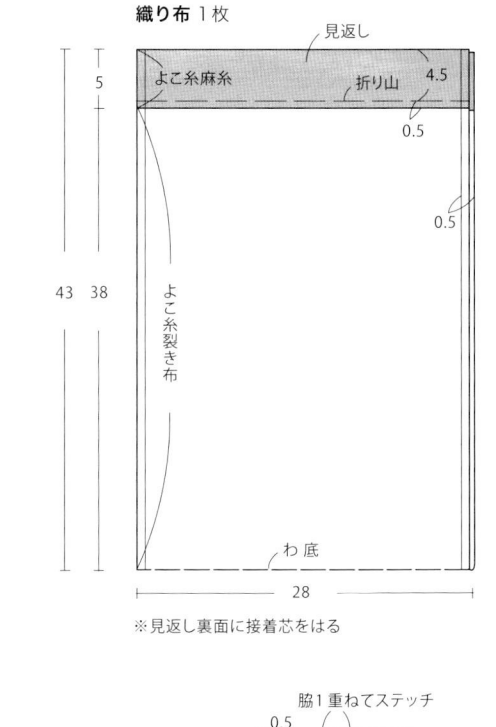

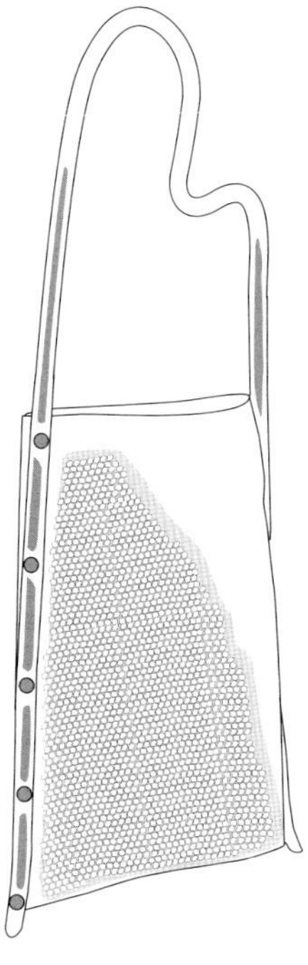

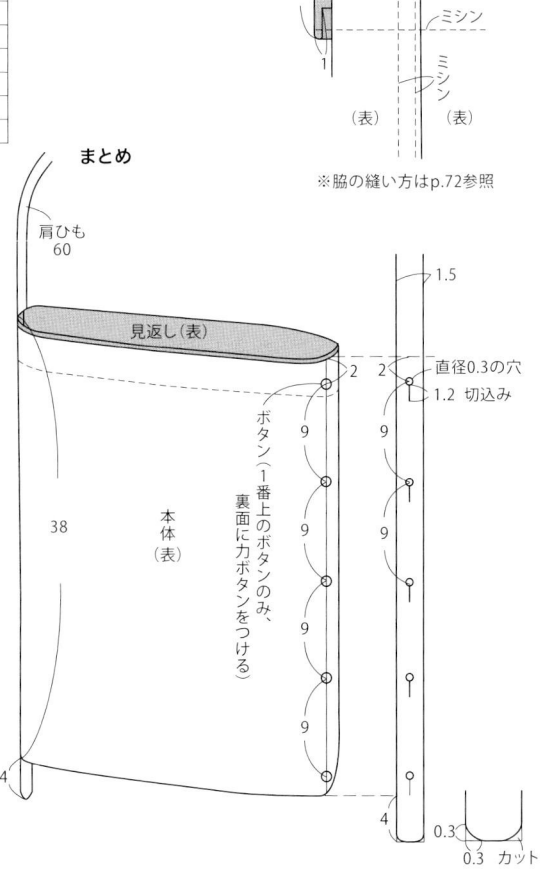

page 3

41ページの箱織りで織った布を底に使ったエコバッグ。

作品A、Bとも材料、織り方、作り方など共通

●織りに必要なもの
菜箸 4本
定規 1.5cm幅×30cm 2本
30番の木綿糸 20cm 9本
ゼムクリップ 1個
セロハンテープ
1周が42cmのしっかりした箱

●バッグの材料(織り糸以外)
木綿(プリント柄)〈本体用〉70×40cm、
　〈持ち手用〉12×43cm
接着芯(ダンレーヌT121) 13×24cm
1cm幅のゴム 16cm
布用マジックペン(シルバー)

●織り方
平織り。箱織りのプロセス参照。

●作り方
1　織り布(底布)の裏面に接着芯をはり、織始めと織終りの端にロックミシンをかける。
2　ゴムにマジックペンで模様を描いておく。持ち手を2本作る。
3　本体を作る。
　①織り布の脇の縫い代をアイロンで出来上りに折る。
　②本体2枚を外表に合わせて底を縫う(縫い代は開く)。
　③底に①の織り布を重ねて縫う。
　④底の中心に輪にしたゴムをつける。
　⑤持ち手をつける。
　⑥2枚を中表に合わせて脇を縫う。
　⑦まちを縫う。
　⑧表に返し、入れ口を三つ折りしてぐるりと縫う。

織りデータ

	作品A(黄)	作品B(ピンク)
たて糸	7mm幅リボンのグレー 8m50cm (MOKUBA NO.1548, col.5)	6mm幅リボンのピンク 8m50cm (SUN FASHION CORP NO.3030, col.15)
よこ糸用布	シーチング黄 11cm×1m	ブラウス地
裂き幅	1cm	
たて糸かけ幅	13cm	
整経長	42cm	
たて糸の本数	19本	
織上りサイズ	13×24cm	

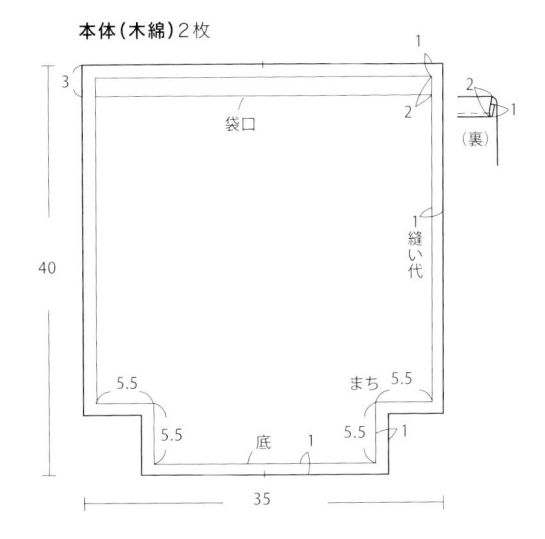

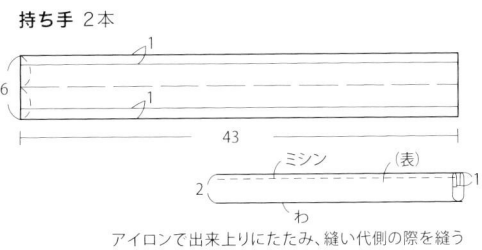

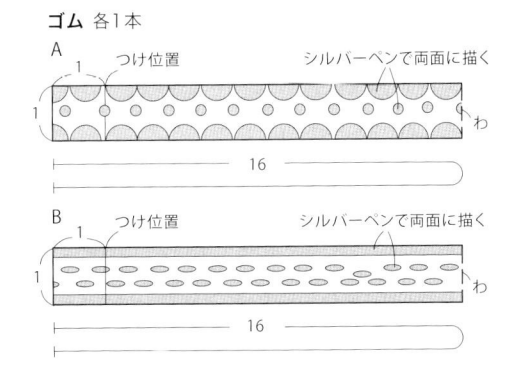

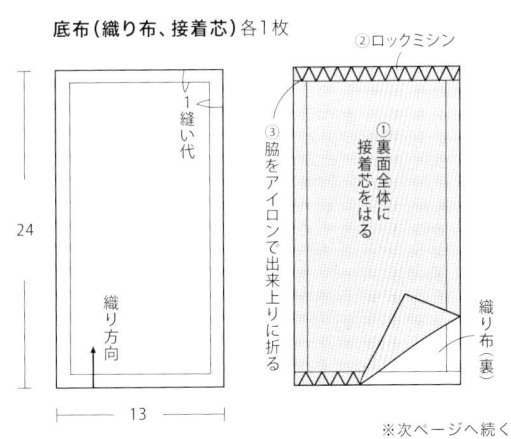

本体(木綿) 2枚

持ち手 2本
アイロンで出来上りにたたみ、縫い代側の際を縫う

ゴム 各1本
A つけ位置　シルバーペンで両面に描く
B つけ位置　シルバーペンで両面に描く

底布(織り布、接着芯)各1枚
①裏面全体に接着芯をはる
②ロックミシン
③脇をアイロンで出来上りに折る

※次ページへ続く

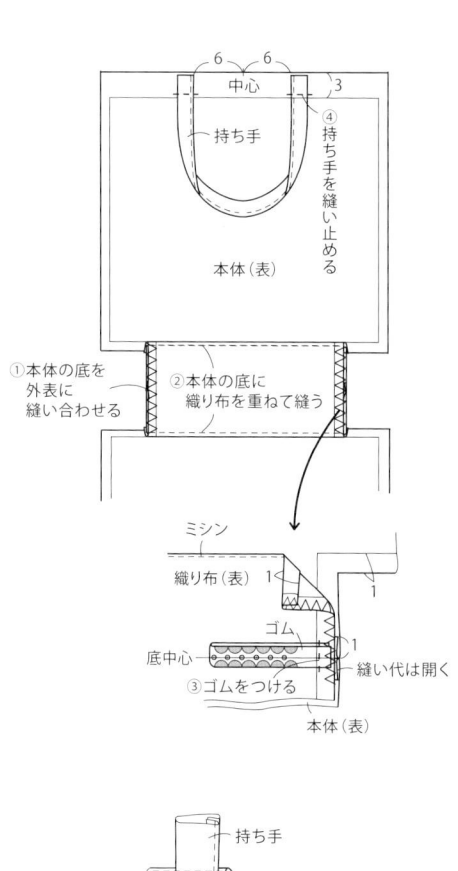

たたみ方

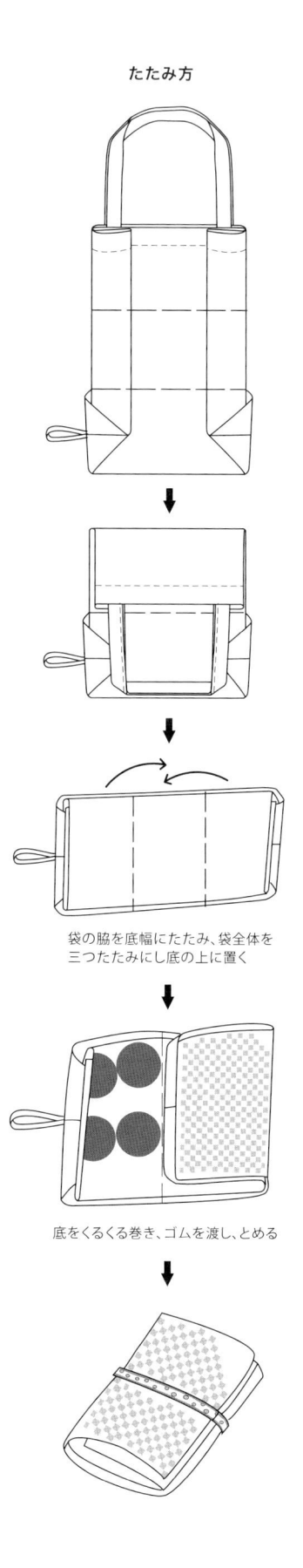

6　6　3
中心
④持ち手を縫い止める
本体（表）
持ち手

①本体の底を外表に縫い合わせる
②本体の底に織り布を重ねて縫う

ミシン
織り布（表）　1
ゴム
底中心　　縫い代は開く
③ゴムをつける
本体（表）

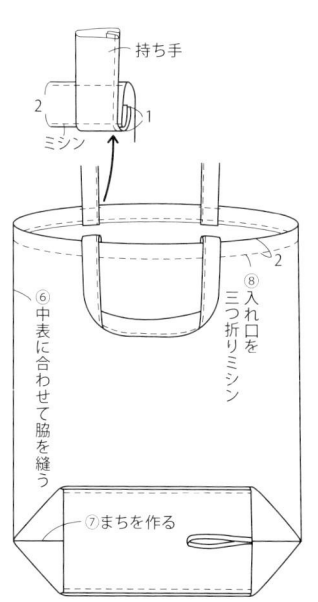

持ち手
2　1
ミシン

⑥中表に合わせて脇を縫う
⑧入れ口を三つ折りミシン
⑦まちを作る

袋の脇を底幅にたたみ、袋全体を三つたたみにし底の上に置く

底をくるくる巻き、ゴムを渡し、とめる

page ── 26 たて糸に絹とアクリル交織の手芸糸を使って。

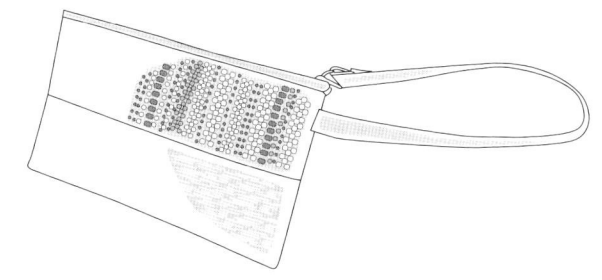

●材料(織り糸以外)
ナイロン地(ピンク)〈裏袋用〉29×32cm
厚手接着芯(クロバー接着芯ソフト)
　Aは29×16cm　Bは29×18cm
1cm幅の接着テープ適宜
金属ファスナー(白)27cm　1本
1.5cm幅の革(白)〈持ち手用〉42cm
薄手の柔らかい革(ピンク)〈持ち手裏用〉3×47cm
直径1.5cmの丸カン(太さはファスナーのスライダーに入るもの)1個
ペンチ

●織り方
平織り。織り布Bの4種のよこ糸はアトランダムに織り入れ、自由な縞模様に織り上げる。Aはp.17シーチングバッグの残り布。

●作り方
1　織り布A、Bとも織始めと終りに接着テープをはり、ロックミシンでほつれ止めをしておく。織り布Bはたて中央の両側裏面に接着テープをはり、テープの上からミシンをかけて、ほつれないようにして中心を切る。切り口にロックミシンをかける。織り布A、Bともに裏面全体に接着芯をはる。
2　織り布A、Bを縫い合わせ、入れ口にファスナーをつける。
3　持ち手を作る。白とピンクの革を図のように縫い合わせる。ピンクの片側の端は輪にし、後で丸カンを通す。
4　中表の本体に輪のない方の持ち手をはさみ、脇を縫い、表に返す。
5　裏袋を作り、本体の中に入れ、入れ口をファスナーつけの縫い目の上にまつりつける。
6　丸カンを持ち手に通し、ファスナーのスライダーの穴に通してとじる。

Bの織りデータ

たて糸	リッチモア友禅ライトグレー(No.1)1玉
よこ糸用布	胴裏白、ピンク各30cm、6mm幅ピンクリボン25cm、ピンク系ブラウス
裂き幅	1cm
おさ通し幅	22cm
整経長	90cm
おさ	30羽(cm3)
たて糸の本数	66本
織上りサイズ	29×18cm

本体(織り布A)1枚、(織り布B)2枚

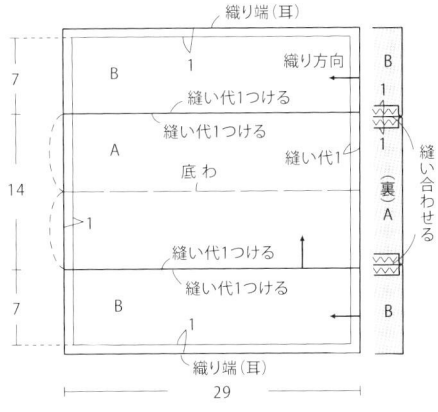

裏袋 2枚

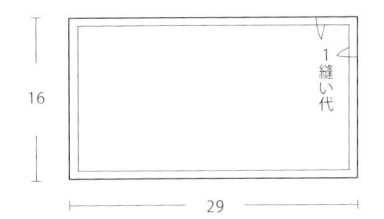

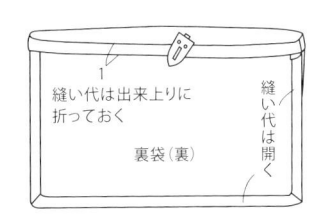

持ち手(白とピンクの革)各1枚

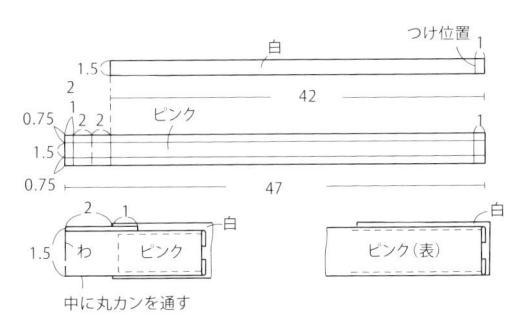

※次ページへ続く

本体にファスナーをつける

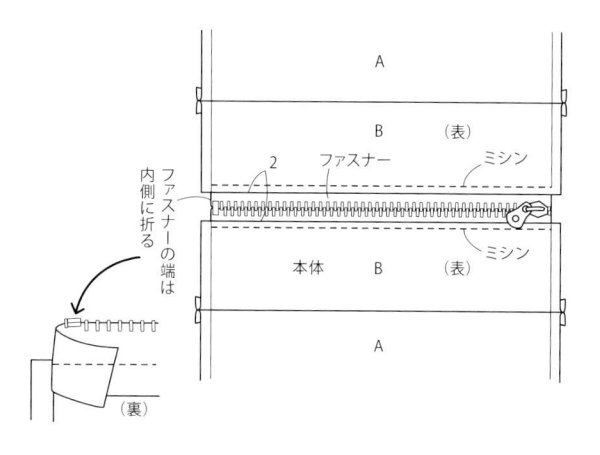

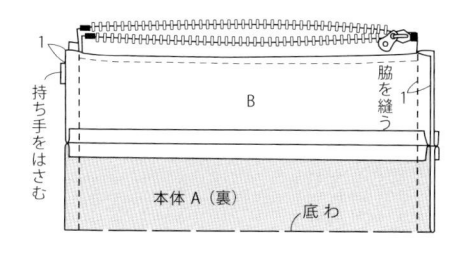

- A
- B（表）
- 2 ファスナー
- ミシン
- 本体 B（表）
- ミシン
- A
- ファスナーの端は内側に折る
- （裏）

- 1
- 持ち手をはさむ
- B
- 脇を縫う
- 1
- 本体A（裏）
- 底わ

まとめ

本体の中に裏袋を入れ、裏袋の口を本体にまつりつける

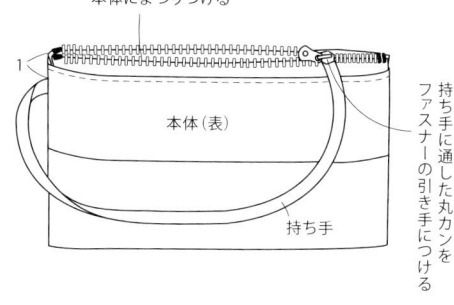

- 1
- 本体（表）
- 持ち手
- 持ち手に通した丸カンをファスナーの引き手につける

page 26 蚊帳とモヘア糸を一緒にぐるぐる編んだ裂編みで。

● 材料（編み糸以外）
厚手木綿（縞柄）〈本体用〉60×16cm
ナイロン地（濃いピンク）〈裏袋用〉60×36cm
厚手接着芯（クロバー接着芯ソフト）60×16cm
3cm幅の木綿平織りテープ（生成り）〈持ち手用〉1m20cm
底板 22×4cm

● 編み方
底側で作り目をし、表編みで輪に編み上げる。作り目は一般的な方法（指に糸をかけて目を作る方法）で42目作り、増減なく23段編み、伏止めする。ぐるぐる編む輪編みは、編始め位置が解りにくいので、始めの目に印（糸やクリップ）をつけて編むといい。裏面の裏編み目を表に使う。

● バッグの作り方
1 表編み目を見て前後2枚を合わせ、底を粗い目のミシンで縫いとじ、まちを図のように縫い作る。
2 布本体をまとめる。裏面に接着芯をはり、表面に持ち手を縫い、2枚を中表に合せて脇を縫い、表に返す。
3 編み地を布の上に重ねて縫い合わせる。
4 裏袋を作り、本体と中表に合わせて入れ口を縫い、裏袋の返し口から表に返し、間に底板を入れ、返し口をとじる。

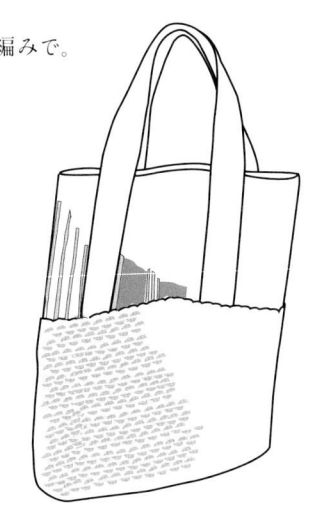

編み物データ

編み糸	ジャパンシープ木綿朱赤(18-32) 20g ハマナカリッチモア・エクセレントモヘア COUNT5 グラデーション COL.102
裂き糸用布	蚊帳白 2.5m×50cm
裂き幅	1cm
針の号数	クロバージャンボ 10mm 輪針(40cm)
編み方	表編み(裏面を使用)
目数、段数	42目作り目、23段
編上りサイズ	幅30×高さ22cm

本体（布地、接着芯）各2枚

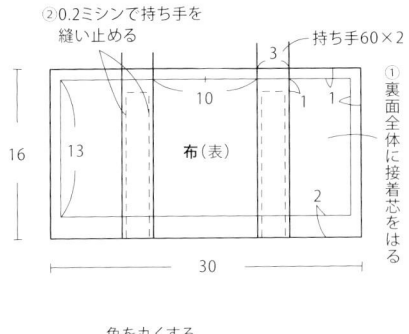

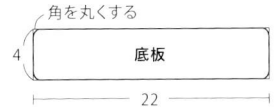

② 0.2ミシンで持ち手を縫い止める
持ち手60×2
① 裏面全体に接着芯をはる

布（表）
16 × 30
13 / 10 / 3 / 1
1 / 2

角を丸くする
底板 4 × 22

裏袋 2枚

36 × 30
8 / 16 返し口
1
まち 2×2（各隅）
底

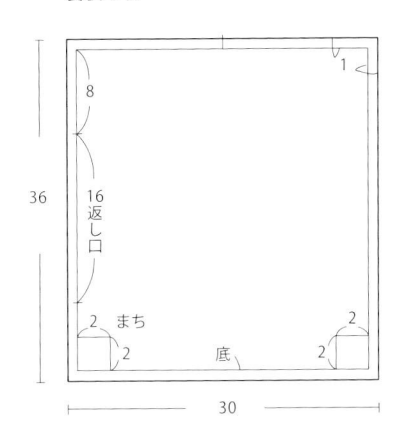

本体（編み地。裏面を表にする）

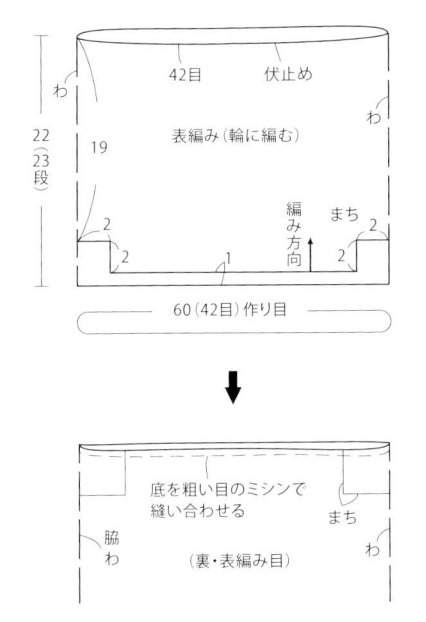

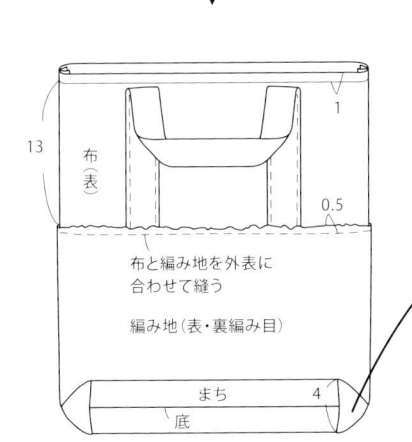

42目　伏止め
表編み（輪に編む）
22（23段） / 19
わ / わ
編み方向
まち 2
2 / 1 / 2
60（42目）作り目

↓

底を粗い目のミシンで縫い合わせる
脇 / わ / まち / わ
（裏・表編み目）

↓

13
布（表）
1
0.5
布と編み地を外表に合わせて縫う
編み地（表・裏編み目）
まち 4
底

まとめ

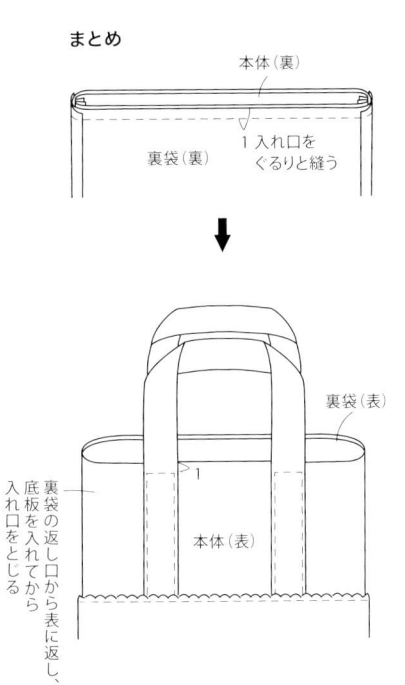

本体（裏）
裏袋（裏）
1 入れ口をぐるりと縫う

↓

裏袋の返し口から表に返し、底板を入れてから入れ口をとじる
裏袋（表）
本体（表）
1

まちの作り方

脇
まち / 底縫い目
2 / 2
縫う
この部分は底側に折り、縫い止める

→

底にとめる

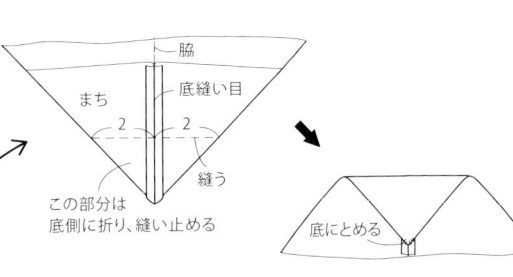

編み方のポイント

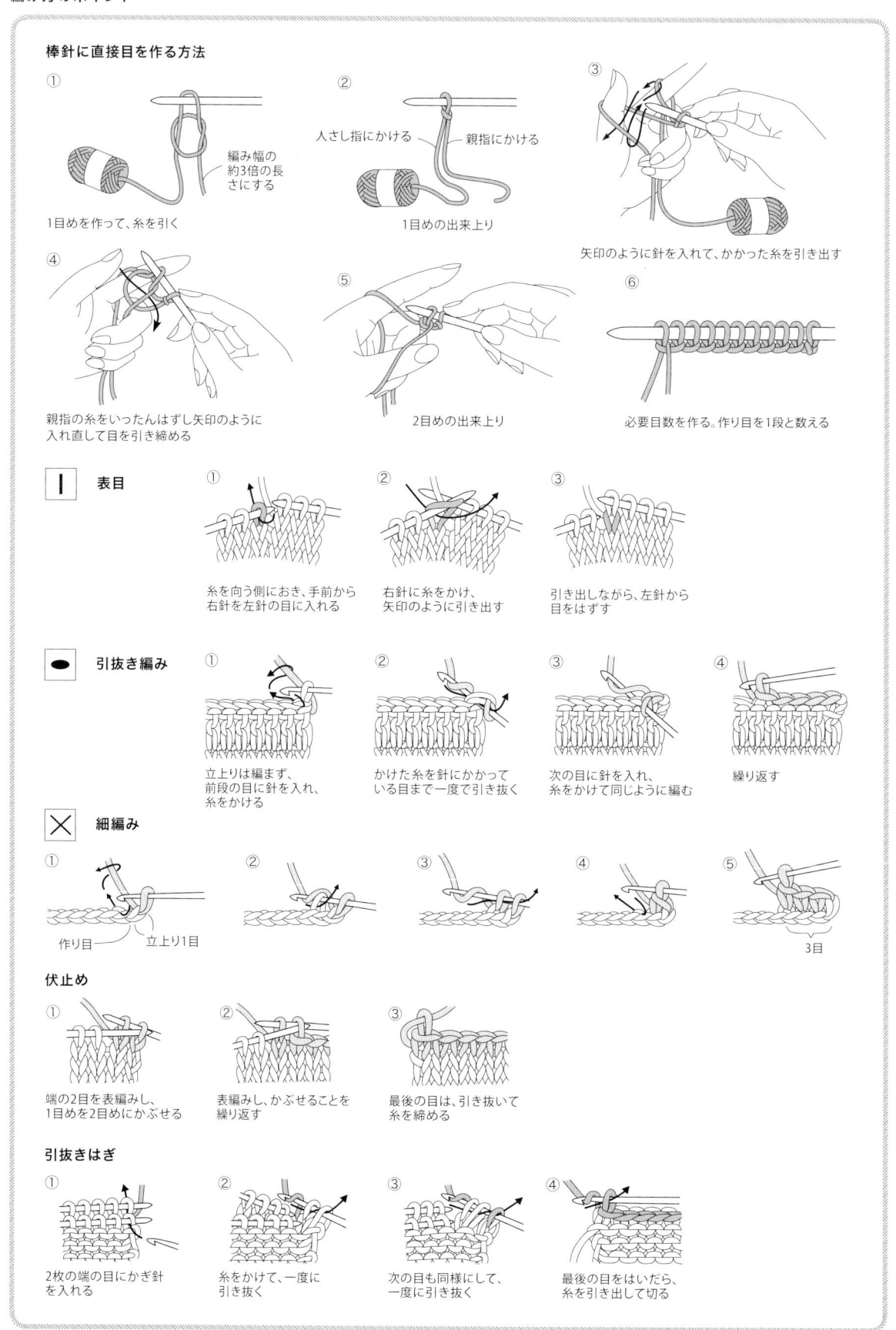

棒針に直接目を作る方法

① 1目めを作って、糸を引く（編み幅の約3倍の長さにする）

② 人さし指にかける／親指にかける　1目めの出来上り

③ 矢印のように針を入れて、かかった糸を引き出す

④ 親指の糸をいったんはずし矢印のように入れ直して目を引き締める

⑤ 2目めの出来上り

⑥ 必要目数を作る。作り目を1段と数える

| 表目

① 糸を向う側におき、手前から右針を左針の目に入れる

② 右針に糸をかけ、矢印のように引き出す

③ 引き出しながら、左針から目をはずす

● 引抜き編み

① 立上りは編まず、前段の目に針を入れ、糸をかける

② かけた糸を針にかかっている目まで一度で引き抜く

③ 次の目に針を入れ、糸をかけて同じように編む

④ 繰り返す

× 細編み

① 作り目／立上り1目

②

③

④

⑤ 3目

伏止め

① 端の2目を表編みし、1目めを2目めにかぶせる

② 表編みし、かぶせることを繰り返す

③ 最後の目は、引き抜いて糸を締める

引抜きはぎ

① 2枚の端の目にかぎ針を入れる

② 糸をかけて、一度に引き抜く

③ 次の目も同様にして、一度に引き抜く

④ 最後の目をはいだら、糸を引き出して切る

page 28 薄手のセーター3枚を棒針編みにして。

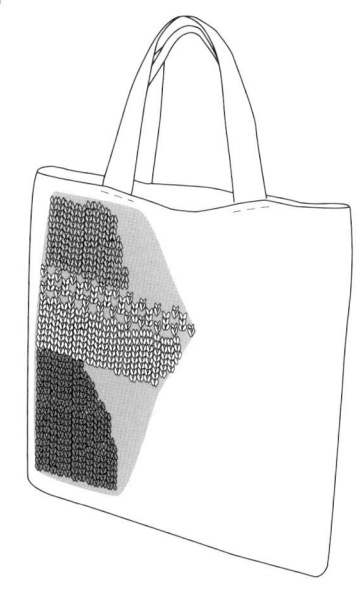

●材料(織り糸以外)
ナイロン地(黒)〈裏袋用〉34×72cm、〈ポケット用〉31×30cm
接着芯(クロバー接着芯ソフト)65×35cm
厚さ1mmの革(茶色)〈持ち手用〉14×34cm
3cm幅のベルト芯68cm
中細毛糸(紺・とじ糸)適宜　0.3cm幅の両面テープ適宜

●裂き糸の作り方
1　ウールのセーターを洗濯機に入れて縮める(縮絨)。ウールでも防縮加工がしてあるものは、全く縮まないので使えない。
2　しっかり縮んだセーターの首回りの縁と脇、肩のはぎ目を切り取り、平らな部分を7mm幅に切り、糸状にする。

●編み方
底側で作り目をし、3種の裂き糸で編み方図を参照して輪に編み上げる。作り目は一般的な方法(指に糸をかけて目を作る方法)で80目作り、増減なく61段編み、伏止めする。中間の編込み模様は裏に糸が渡る方法で編む。渡す糸は引きすぎないように注意。

●袋の作り方
1　編み地の裏面に接着芯を脇からぐるりとはる。
2　編み地の底を中細毛糸でとじる。編み地を中表に合わせ、底を中細毛糸2本どりで引抜きはぎにする。
3　持ち手を2本作る。
4　裏袋を作る。ポケットを作り(p.52参照)、裏布の片側に縫いつけたら、2枚を中表に合わせて脇と底を縫う。
5　編み地本体に持ち手を縫い止め、持ち手の部分を除いて裏布をまつりつける。持ち手部分は両面テープではる。

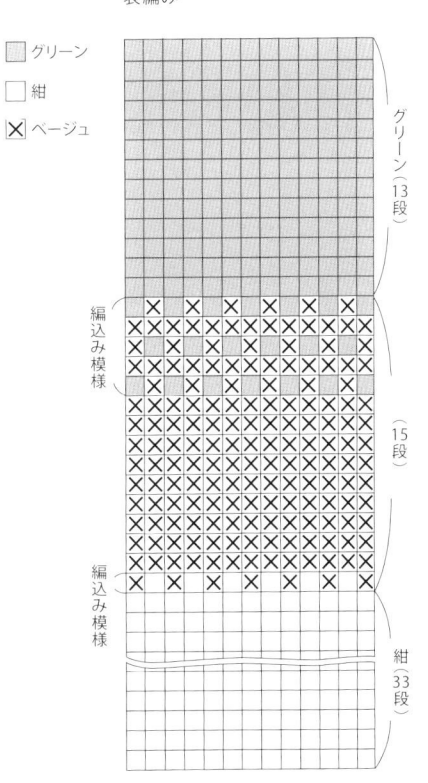

編み物データ

裂き糸用布	薄地ウールセーター紺、ベージュ、グリーン各1枚
裂き幅	縮絨したものを0.7cm
針の号数	12号輪針(60cm)
編み方	表編み(メリヤス編み)
目数、段数	80目作り目、61段
編上りサイズ	幅32×高さ35cm

縮絨したセーターの袖、脇、肩のはぎを切り取り、縦に切る

本体の編み方
表編み

□ グリーン
□ 紺
× ベージュ

グリーン(13段)
編込み模様 (15段)
編込み模様
紺(33段)

※次ページへ続く

本体（編み地、接着芯）各1枚

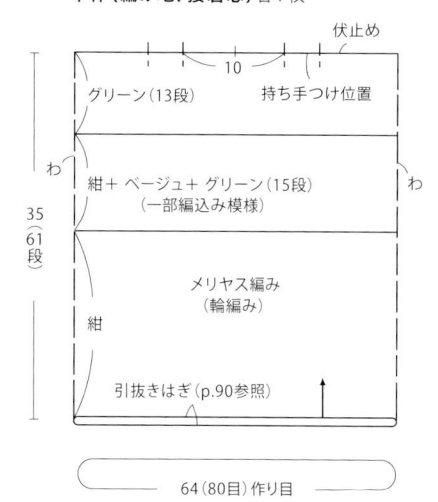

- 伏止め
- 10
- グリーン(13段)　持ち手つけ位置
- わ　紺＋ベージュ＋グリーン(15段)（一部編込み模様）　わ
- 35 (61段)
- メリヤス編み（輪編み）
- 紺
- 引抜きはぎ (p.90参照)
- 64(80目)作り目

接着芯のはり方

接着芯　重ねる　脇　接着芯　編み地(裏)　1

持ち手（革）2枚

- 2　折り山　2
- 7
- 34
- わ　(表)　ベルト芯を通す
- 3.5　0.2　3

裏袋 2枚、ポケット 1枚

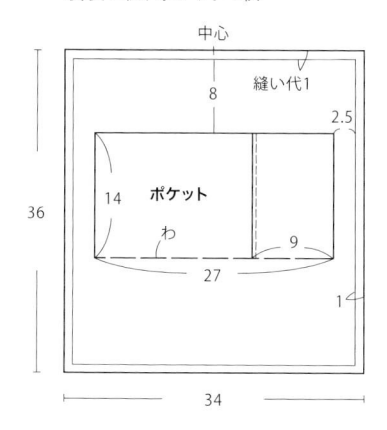

- 中心
- 8　縫い代1　2.5
- 36　14　ポケット　わ　9
- 27　1
- 34

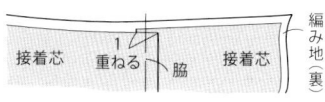

まとめ

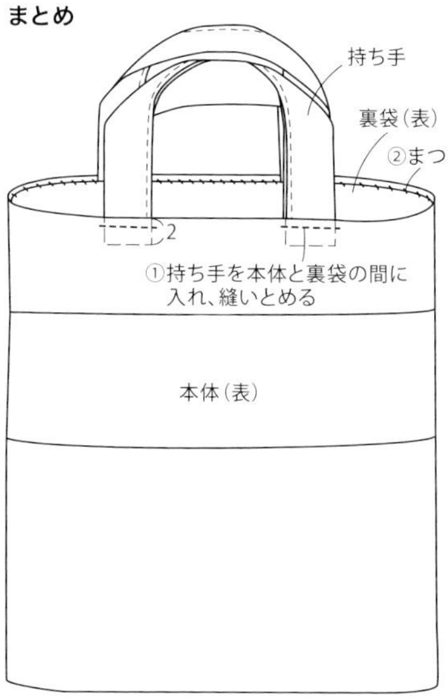

- 持ち手
- 裏袋(表)
- ②まつる
- ①持ち手を本体と裏袋の間に入れ、縫いとめる
- 本体(表)

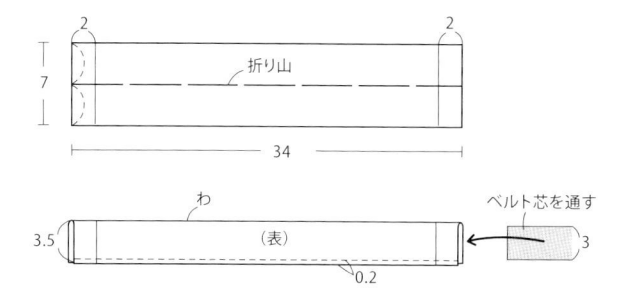

page 29　麻裂き糸の張りで、かっちりした仕上がりに。

●材料（織り糸以外）
ナイロン地（黒）〈裏袋用〉48×33cm
1cm幅の接着テープ適宜
0.8mm厚さの革（紺）〈本体用〉48×12cm、
　〈ひも飾り用〉6×1.8cm
直径3mmの4つ組み丸ひも（黒）1m10cm
ひも通しカン（黒コキ）8個
革用接着剤　金づち　ニッパー

●織り方
平織りと浮き織り。浮き織りはたて糸を3本ずつ上下に通して織る。革は常に浮き織りにする。色はアトランダムに色相を見ながら入れ、自由な縞模様に織り上げる。

●作り方
1. 織り布は織始めと終りに接着テープをはり、ロックミシンでほつれ止めをしておく。
2. 本体の革と織り布を中表に合わせて縫い、縫い代は布側に倒す。
3. 裏袋を作り、本体と中表に合わせ、入れ口を縫い、返し口から表に返して口をとじる。
4. 入れ口を8等分してひも通しカンをつける。
5. ひも通しカンにひもを二重に通し、ひもの先端を縫い合わせ、その上に革の飾りを接着剤をつけて巻きつける。

織りデータ

たて糸	ジャパンシープ木綿黒(18-17)40g
よこ糸用布	麻きものの紺、ベージュ、黒、グレー 全体で1m30cm 5mm幅の革テープ濃い茶 3m
裂き幅	1cm
おさ通し幅	26.5cm
整経長	1m10cm
おさ	50羽(cm5)
たて糸の本数	132本
織上りサイズ	24×46cm

本体(織り布、革)各2枚

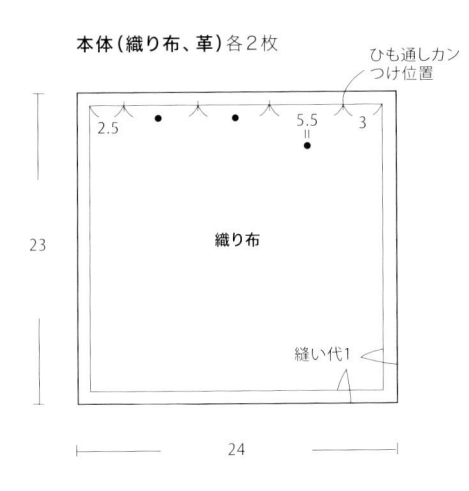

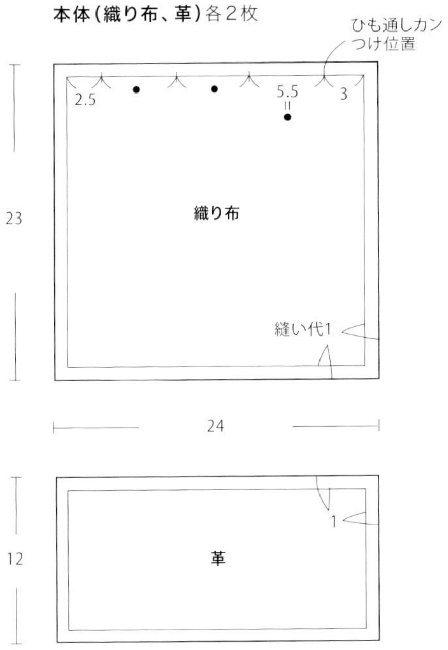

ひも通しカンつけ位置

2.5　5.5＝　3

織り布

23

縫い代1

24

革

12

1

裏袋 2枚

1 縫い代

33

返し口

14

24

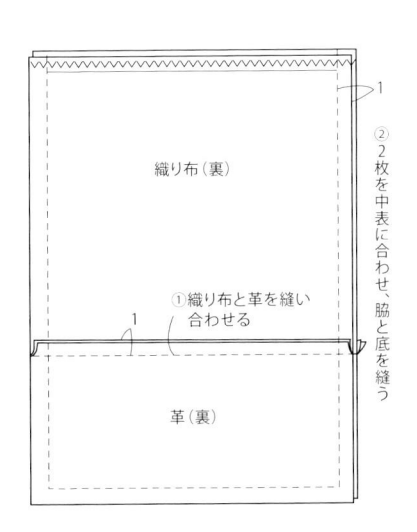

① 織り布と革を縫い合わせる

1

織り布(裏)

② 2枚を中表に合わせ、脇と底を縫う

1

革(裏)

本体(裏)

入れ口をぐるりと縫う

裏袋(裏)

脇と底を縫い、縫い代を開く

1

14

返し口は縫い残す

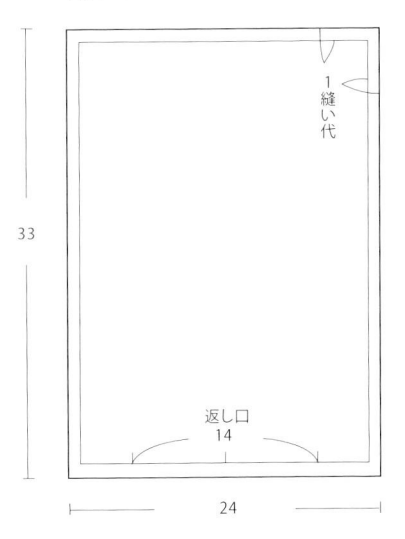

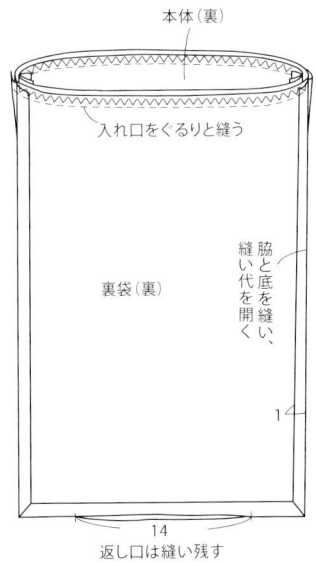

※次ページへ続く

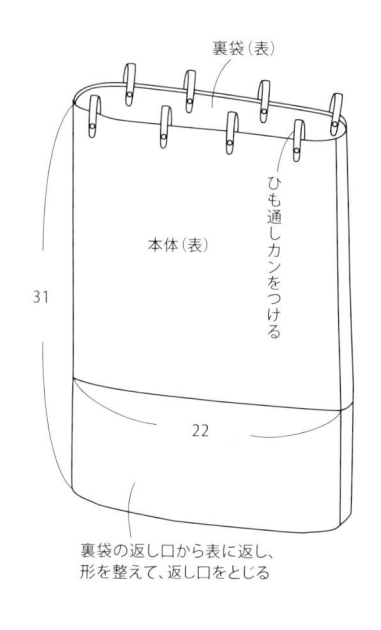

裏袋(表)
本体(表)
31
22
ひも通しカンをつける
裏袋の返し口から表に返し、形を整えて、返し口をとじる

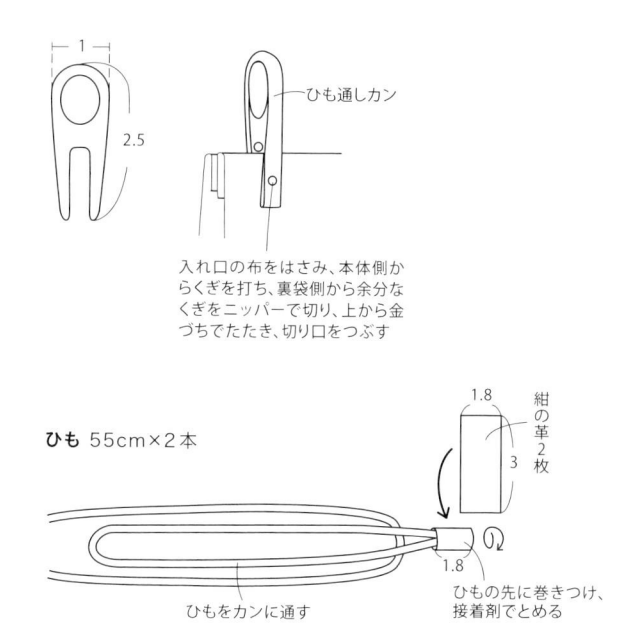

1
2.5
ひも通しカン

入れ口の布をはさみ、本体側からくぎを打ち、裏袋側から余分なくぎをニッパーで切り、上から金づちでたたき、切り口をつぶす

ひも 55cm×2本
1.8
3
1.8
紺の革2枚
ひもをカンに通す
ひもの先に巻きつけ、接着剤でとめる

page ——— 29 大島紬でなくても、男物きもの地は渋くてすてき。

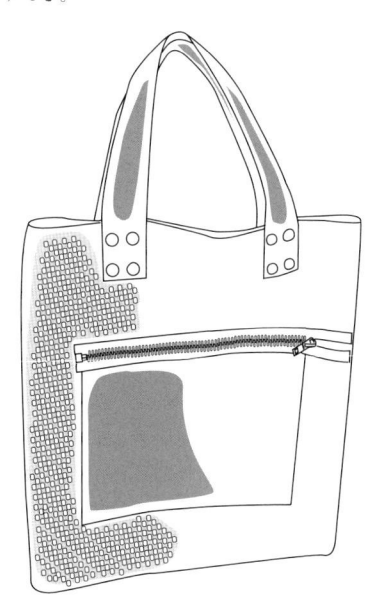

●材料(織り糸以外)
ナイロン地(黒)〈裏袋用〉37×86cm、〈内ポケット用〉32×30cm
厚手接着芯(ダンレーヌT121)74×42.5cm
1cm幅の接着テープ適宜
厚さ1.1mmの革(ダークブラウン)〈外ポケット用〉24×18cm、
　〈持ち手用〉49×3.8cm 2枚
3.8cm幅のナイロンテープ(黒)98cm
金属製ファスナー(紺)25cm　1本
1cm幅の両面テープ
直径1.2cmのカシメ(並足)16個
金づち　目打ち　打棒　打台

●織り方
斜子(ななこ)織りの変形(本来の斜子織りは、たて、よこ糸ともに2本ずつ糸を入れて織る)。たて糸は同じそうこうの溝に2回入れる(2本どりにして入れると糸がねじれてしまうので、めんどうでも1本ずつ2回入れること)。

●作り方
1　織り布は織始めと終りに接着テープをはり、ロックミシンでほつれ止めをする。さらに裏面全体に接着芯をはる。
2　革で外ポケットを作る。
3　織り布を中表に合わせて、脇と底を縫う。
4　裏袋を作り、本体と中表に合わせ、入れ口を縫い、裏袋の返し口から表に返して口をとじる。内ポケットの作り方はp.52参照。
5　持ち手を作り、カシメで本体につける(p.69参照)。

織りデータ

たて糸	ジャパンシープ木綿焦げ茶(18-29)100g
よこ糸用布	男物きもの地 2m80cm
裂き幅	1cm
おさ通し幅	40cm
整経長	1m50cm
おさ	40羽(cm4)
たて糸の本数	160本×2　320本
織上りサイズ	37×85cm

織り布、接着芯 各1枚、外ポケット(革)1枚

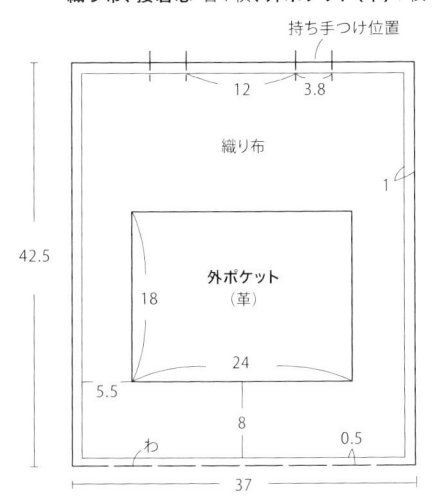

- 持ち手つけ位置
- 12
- 3.8
- 織り布
- 1
- 42.5
- 外ポケット(革)
- 18
- 24
- 5.5
- 8
- 0.5
- わ
- 37

※織り布の裏面に接着芯をはる

裏袋 2枚、内ポケット1枚

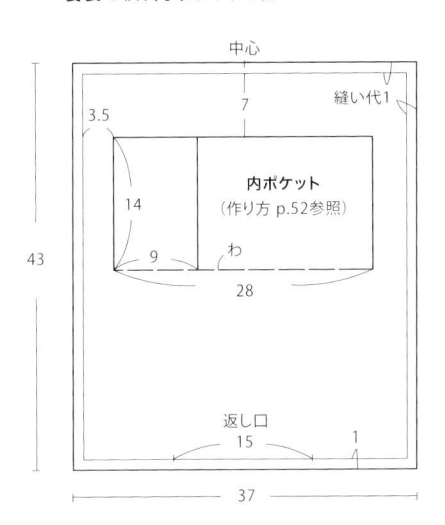

- 中心
- 縫い代1
- 7
- 3.5
- 内ポケット（作り方 p.52参照）
- 14
- 9
- 28
- 43
- わ
- 返し口
- 15
- 1
- 37

外ポケットのつけ方

① ポケット口にファスナーの片側を1cm重ね、縫い止める
② 織り布の上にファスナーをつけたポケットを置き脇と底を縫う
③ ファスナーの上側を織り布に縫い止める

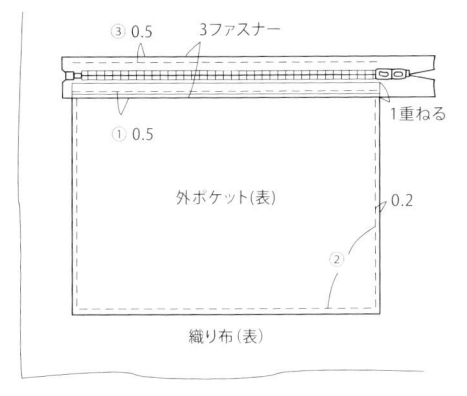

- ③ 0.5
- 3ファスナー
- ① 0.5
- 1重ねる
- 外ポケット(表)
- 0.2
- ②
- 織り布(表)

持ち手（革、ナイロンテープ）各2本

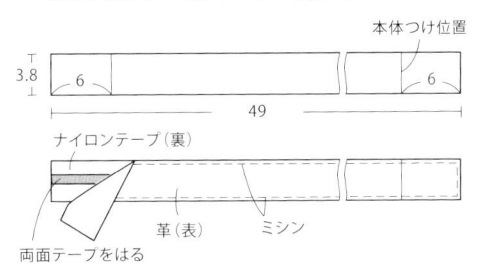

- 本体つけ位置
- 3.8
- 6
- 49
- 6
- ナイロンテープ(裏)
- 両面テープをはる
- 革(表)
- ミシン

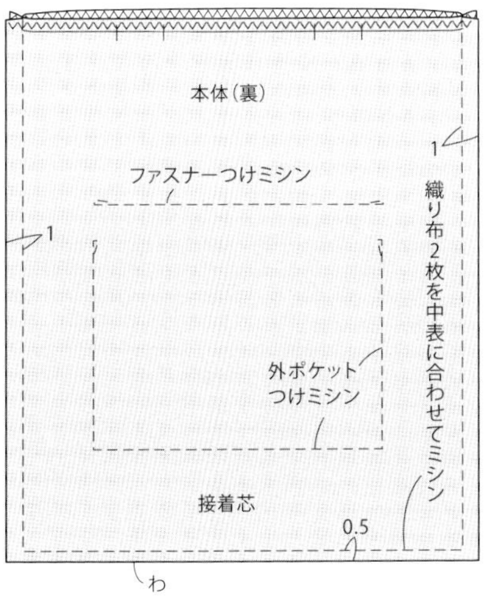

- 本体(裏)
- ファスナーつけミシン
- 1
- 織り布2枚を中表に合わせてミシン
- 外ポケットつけミシン
- 接着芯
- 0.5
- わ

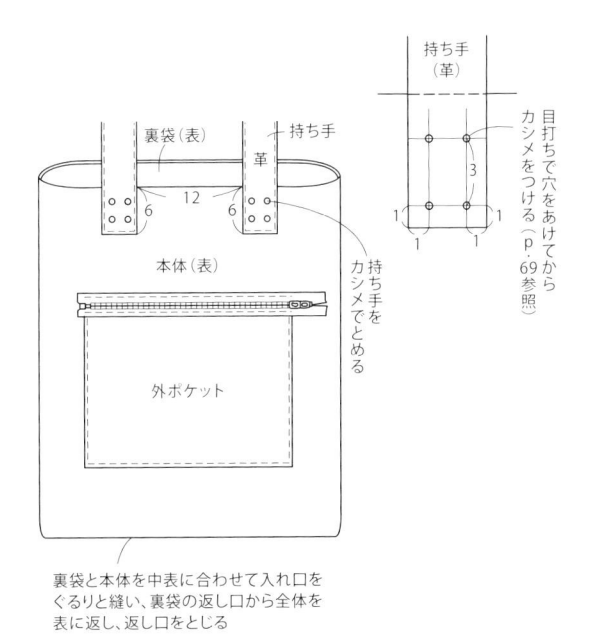

- 裏袋(表)
- 持ち手 革
- 12
- 6
- 6
- 持ち手をカシメでとめる
- 本体(表)
- 外ポケット

- 持ち手(革)
- 目打ちで穴をあけてからカシメをつける(p.69参照)
- 3
- 1
- 1

裏袋と本体を中表に合わせて入れ口をぐるりと縫い、裏袋の返し口から全体を表に返し、返し口をとじる

松永治子（まつなが はるこ）
染織作家
柳悦孝染織研究所の助手を務めた後
アメリカで制作活動を行う。
帰国後、美術系の大学で
アパレル素材のデザイン・制作を指導し、
現在はWarp & Weft Textile Design Studioで
染織を教えている。

松永希和子（まつなが きわこ）
染織作家
女子美術短期大学部を卒業し、
広告プロダクション勤務を経て、織りの道に入る。
現在はWarp & Weft Textile Design Studioで
織りと染めのデザインと制作をしている。

Warp & Weft Textile Design Studio
http://www.haruko-matsunaga.com

編　　　集	平尾容子
撮　　　影	島　隆志（島製作所）
装丁・デザイン	財田弘美（島製作所）
技術解説	山田陽代
トレース	福島知子
作品制作協力	青木惠子
材料入手先	

ジャパン・シープ
〒123-0864　東京都足立区鹿浜8-5-14
TEL 03-3857-6971　FAX 03-3855-0204

クロバー株式会社
お客様係
〒537-0025　大阪市東成区中道3-15-5
TEL 06-6978-2277　FAX 06-6978-2201
URL http://www.clover.co.jp/

ヤマトレザー
〒111-0053　東京都台東区浅草橋2-11-5 竹村ビル1F
TEL 03-3865-6551

古着をもう一度、お気に入りに
裂織りでつくるバッグ

NDC 595

2013年6月30日　発行

著　　者	松永 治子　松永 希和子
発　行　者	小川雄一
発　行　所	株式会社 誠文堂新光社
	〒113-0033
	東京都文京区本郷3-3-11
	（編集）電話03-5800-3614
	（販売）電話03-5800-5780
	http://www.seibundo-shinkosha.net/
印　　刷	株式会社 大熊整美堂
製　　本	株式会社 ブロケード

©2013 Haruko Matsunaga, Kiwako Matsunaga
Printed in Japan

検印省略
万一落丁・乱丁の場合はお取替えいたします。
本書掲載記事の無断転用を禁じます。また、本書に掲載された記事の著作権は著者に帰属します。
これらを無断で使用し、展示・販売・レンタル・講習会などを行うことを禁じます。

本書のコピー、スキャン、デジタル化等の無断複製は、著作権法上での例外を除き禁じられています。
本書を代行業者等の第三者に依頼してスキャンやデジタル化することは、
たとえ個人や家庭内での利用であっても著作権法上認められません。

R〈日本複製権センター委託出版物〉
本書の全部または一部を無断で複写複製（コピー）することは、
著作権法上での例外を除き禁じられています。本書からの複写を希望される場合は、
事前に日本複製権センター（JRRC）の許諾を受けてください。
JRRC〈http://www.jrrc.or.jp/　E-mail:jrrc_info@jrrc.or.jp　電話03-3401-2382〉

ISBN978-4-416-61370-2

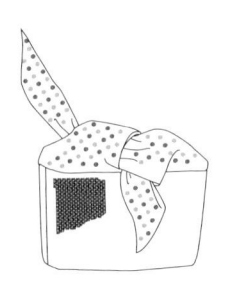